LEITURA
CRIA
MUNDOS

RENATA COSTA

LEITURA CRIA MUNDOS

UM PROJETO SOBRE DEMOCRATIZAÇÃO DO LIVRO

Oficina
raquel

© Renata Costa, 2022
© Oficina Raquel, 2022

Editores
Raquel Menezes
Jorge Marques

Coordenação editorial
Raquel Bahiense

Revisão
Oficina Raquel

Fotos
Hanna Gledyz

Dados internacionais de catalogação na publicação (CIP)

C8371   Costa, Renata.
            Leitura cria mundos : um projeto sobre democratização do livro / Renata Costa. – Rio de Janeiro : Oficina Raquel, 2022.
            164 p : il. : 21 cm.

            ISBN 978-85-9500-066-7

            1. Leitura 2. Democratização do livro I. Título.
                                                    CDU 028

Bibliotecária: Ana Paula Oliveira Jacques / CRB-7 6963

oficina
raquel

Mais que livros,
diversidade

R. Santa Sofía, 274
Sala 22 - Tijuca, Rio de Janeiro - RJ, 20540-090
www.oficinaraquel.com
oficina@oficinaraquel.com
facebook.com/Editora-Oficina-Raquel

Agradecimentos

À Raquel Menezes, por me permitir ter alguém a quem chamar de editora e mergulhar comigo nos mundos da leitura.

À Raquel Bahiense, por caminhar ao meu lado do início ao fim desta aventura.

Ao mestre José Castilho, pela generosidade e por ser meu mestre-inspirador na luta pelo direito à leitura.

Ao querido Volnei Canônica, por acreditar que eu poderia ser a secretária do PNLL.

Ao amigo Gledson Vinícius, por me apresentar à Bancada do Livro.

Às amigas Mônica Verdam e Natália Reis, em representação de toda a Baixada Literária, com um super agradecimento por tudo o que vocês fazem, de Nova Iguaçu para o mundo.

Às minhas amadas amigas Maria Chocolate e Shirley Garrido, representando todo o Tecendo uma Rede de Leitura, fazendo de Duque de Caxias um bálsamo de esperança e inspiração nas políticas públicas do livro e leitura.

Aos meus amigos que, bem sei, o quanto torcem por mim e por essa vida dedicada ao livro como ferramenta de transformação social. Desses posso destacar alguns que mergulham nessa luta: Laura Ferreira, Michele Silva, Julia Ornellas, Beatriz Cordeiro, Hanna Gledyz e Ilca Bandeira.

Aos amigos da vida, que fizeram uma família à minha volta, abraçando inclusive minha maternagem, muito obrigada!

À Cláudia de Mendonça, por ter sido a responsável por tantas e tantas leituras na minha infância, na missão de ser aprovada no CAP/UERJ.

Aos meus filhos, Bruna e Sylvio, por serem meus companheiros nesta grande aventura que é a vida.

Ao meu neto, Francisco, parceiro de vida, que me ensina a cada dia o tamanho que pode caber de amor em alguém.

SUMÁRIO

Nota de Abertura   15

A VIAGEM DE CLARINHA   18

MATERNAGEM LITERÁRIA   28

EDUCAÇÃO COMO BASE PARA FORMAR LEITORES   44

BIBLIOTECA E O SENSO DE COMUNIDADE   80

BIBLIODIVERSIDADE É UM DIREITO DE TODOS   112

A IDEIA DO SONHO   126

PARA TERMINAR   138

POSFÁCIO José Castilho   148

Texto na íntegra da Lei n° 13.696/2018   153

Bibliografia   161

Não seria maravilhoso o mundo se as bibliotecas fossem mais importantes que os bancos?

Mafalda

Nota de Abertura

Renata Costa é amiga, sobretudo, que o mundo dos livros me deu. Tive o prazer de conhecê-la quando exercia a Coordenadoria de Bibliotecas do Estado e eu era Presidente da Libre – Liga Brasileira de Editores. Em apenas um telefonema, percebi, de imediato, que uma das preocupações de Renata era a equidade da indústria do livro. Ela falava de bibliodiversidade com uma paixão e um entendimento que não eram típicos de quem estava no poder público.

O termo Bibliodiversidade, que é contemplado neste livro como título do capítulo que traz alguns apontamentos sobre o mercado editorial, é trazido por Renata com o entendimento de que para o mercado ser saudável é preciso que todos sejam prestigiados e contemplados. Não só para que mais empresas possam existir e se consolidar no setor, mas, principalmente porque é um direito de todos, precisamos, como indústria, valorizar a Bibliodiversidade.

Como mãe solo, transmitiu aos filhos Bruna e Sylvio seu amor pelos livros e, este mesmo amor, agora, já corre nas veias do neto Chico. É por isso que, neste livro, não podemos deixar de falar da "Maternagem literária" de Renata e de como sua trajetória como mãe e mulher se confundem com a de articuladora e de militante do livro.

Renata andou o Brasil com o livro, ou melhor, com o potencial que o livro tem de ser um elemento transformador, na ponta da língua. Mesmo antes de ser Secretária do PNLL (Plano do Livro e Leitura) e a responsável por pressionar o Legislativo para sancionar a Lei n° 13.696/2018,

carinhosamente conhecida como Lei Castilho – em homenagem ao seu antecessor na secretaria do PNLL –, Renata já estava em suas andanças pelo livro, apoiando coletivos de bibliotecas, ouvindo o mercado editorial e criando uma rede de leitores-
-atores da cadeia, que agora, espero, se tornem e trabalhem para uma Bancada do livro.

Renata ama bibliotecas. Ouso dizer que ela moraria dentro de uma. Renata ama o poder transformador do livro. Renata entende o papel do educador nesta missão de formar leitor. Renata, sabe de perto o que o poder público precisa fazer para a leitura criar mundos.

Raquel Menezes

A VIAGEM DE CLARINHA

Gosto de manusear um livro. O livro é a melhor invenção do homem.

Carolina Maria de Jesus

Falar da gente não é tão simples quanto se pensa. Inúmeros pensamentos vêm à mente ao mesmo tempo e a pergunta é: como organizar isso tudo? Como tornar meu pensamento claro para que todos possam entender minha luta a favor da democratização do acesso à leitura e ao livro ao longo de uma vida toda? Entretanto, sei que sou corajosa e, então, aceitei mais este desafio:

escrever um livro! Já passei por muitas situações dificílimas, assimilei meus erros e aplaudi minhas vitórias. Sei que será (mais) uma tarefa árdua, mas vou tentar, aqui, dar o meu melhor.

Um dia, paramos e pensamos: Como chegamos até esse exato momento da vida? O que queremos dela? Como podemos fazer a diferença? É impossível não questionar: me interesso mais por mim e meu mundo e tudo aquilo que o afeta ou penso mais no coletivo, em ações que beneficiem a todos? Me toca profundamente uma criança na rua, fora da escola, sabendo que ela poderia e deveria estar em um ambiente escolar, rodeada de livros, figuras coloridas e mapas ou essa situação tornou-se tão banal que já nem presto atenção? O que penso é: o coletivo também pensa sobre o direito à leitura? Como dormir sabendo que todos possuem direito ao prazer de ler e de obter cada vez mais conhecimento do mundo? Tal fato me indigna ou simplesmente nem atento para isso? Você já se fez estas perguntas?

Diante das alternativas da vida, fazemos escolhas e nos responsabilizamos por elas, ainda que entendamos que somos frutos do meio, incontestavelmente. As minhas começaram de formas bastante particulares e curiosas. A primeira, cedo, quando eu tinha seis anos. De uma escolinha na Tijuca, bairro do Rio de Janeiro, fui obrigada a fazer a prova para o Colégio de Aplicação da Universidade do Estado do Rio de Janeiro (CAP-Uerj). Sim, fui obrigada pela minha mãe, Dona Cleyde – e como a agradeço por isso! Tão sensível à causa da Educação, sempre acreditou no ensino público e na excelência dessa instituição específica. E como me preparei para o tal concurso, apesar de não querer de forma alguma trocar de escola? Lendo! Como eu li! Acho que uns 60 títulos em apenas um ano. E tão pequena eu era! Entretanto essa fase de minha vida foi essencial e somente muitos anos depois fui entendê-la. Agradeço até hoje à minha querida Claudia de Mendonça, à época no alto de seus 12 anos, com a missão de estudar comigo.

O texto da prova foi *A viagem de Clarinha*, de Maria Clara Machado. Um barquinho de papel empreende uma viagem fantástica pelo mar que, na verdade, é a banheira da casa da menina, e se depara com peixes, ondas gigantes, tubarões. Ao final, por ser de papel, escorre pelo ralo. A pergunta era: o que aconteceu com Clarinha? E como eu não estava a fim de estudar naquela escola e queria continuar no mesmo lugar, arrisquei a seguinte resposta: "e Clarinha entrou pelo cano". Saí da prova felicíssima, me achando bastante esperta. Afinal, com aquela resposta, jamais passaria e não precisaria mudar de escola. Porém, ao contrário do que imaginei, a banca examinara adorou e considerou a resposta criativa e genial.

    E assim entrei para uma das melhores escolas públicas do Rio de Janeiro, onde a leitura, o senso crítico e o poder de análise são preceitos básicos e bastante incentivados. O estudo é totalmente diferenciado da maioria das outras instituições, principalmente das tradicionais. Daí eu ter me tornado uma leitora voraz. Lá fiquei até concluir o Ensino Médio. Fiz grandes amigos e me orgulho de tê-los até hoje.

Me formei, tive minha filha aos 17 anos e, totalmente sem ajuda, fui trabalhar no Sebrae, por uns bons 15 anos. Excelente base para minha vida. Cursei Administração. Com 26 anos me casei, depois tive o segundo filho e acabei morando em Belém do Pará. Retornei ao Rio e me vi em uma situação bastante angustiante. Com dois filhos, situação financeira difícil, precisava urgentemente de um trabalho.

Um dia, conversando com uma pessoa próxima, ela me perguntou: "O que você gosta de fazer? Pense bem. Deve haver um trabalho relacionado a algo de que você goste muito." E nada me vinha à cabeça. Não encontrava nenhuma aptidão para aquele momento da minha vida. Passava muito tempo pensando sobre esse assunto. E a mesma pessoa continuava a perguntar: "Pense bem, o que você sabe fazer? O que você faz de melhor na sua vida". Minha resposta foi simplesmente esta: "ler"!, e imediatamente continuei: "mas isso não é trabalho".

Então uma ideia surgiu: por que não procurar algum trabalho ligado ao livro e à leitura?

Fui à luta e consegui um emprego na Livraria da Travessa, onde aprendi bastante. Era responsável por cuidar de 60 pequenas e médias editoras. Como deixava meu filho na creche bem cedo, partia logo para o trabalho. Ter aquele mundo de livros, naquele silêncio da manhã – pois só abria para o público lá pelas 10 horas – me provocava uma sensação deliciosa. Anos depois, trabalhei em outras editoras, primeiramente na Forense Universitária, depois Companhia de Freud e, finalmente, editora Garamond. Além dessas, realizava *freelas* de revisão na editora Rocco, no segmento de literatura juvenil.

Antes de continuar minha história e compartilhar com você minhas experiências profissionais (e de vida) em relação ao livro, quero dividir algumas vivências (extra)ordinárias que já experienciei. Quero, ao contar a minha trajetória com livro, falar para você como acredito na democratização do acesso ao livro e à leitura como um projeto que permite o crescimento de uma comunidade.

Pensemos juntos: se "são as nossas escolhas que revelam o que realmente somos, muito mais do que as nossas qualidades", segundo Alvo Dumbledore, o astuto personagem da série *Harry Potter*, precisamos abraçar e trabalhar pela causa do livro cada vez mais, sejam lá com quais formas e ferramentas criativas existirem, a fim de divulgar e democratizar o acesso ao livro e à leitura.

Biblioteca-Parque Estadual, reunião com o Conselho Estadual de Políticas Culturais, setorial Literatura, 2014.

MATERNAGEM LITERÁRIA

> *És um senhor tão bonito quanto*
> *a cara do meu filho*
>
> *Tempo tempo tempo tempo,*
> *vou te fazer um pedido*
>
> "Oração ao tempo", Caetano Veloso

Todas as experiências com o mundo dos livros, não só me fizeram crescer como cidadã, como incansável leitora e formadora de leitores, mas também como mãe. Sou mãe solo de dois filhos e avó solo do Francisco: são essas as funções que sempre propago na minha vida profissional, juntamente com meu amor pela leitura.

Ser mãe solo é um desafio. É esmagador e solitário. Entendi desde cedo que a educação seria a minha melhor herança para eles. A maternagem começou cedo na minha vida. Como já contei, fui mãe adolescente, engravidei aos 17 anos e tive minha filha, Bruna, aos 18. Quase dez anos depois, nasceu meu segundo filho, Sylvio. Ser mãe solo é duro, e precisamos parar de romantizar a situação. Nos chamar de guerreiras não ameniza nem a nossa luta tampouco a nossa dor. Nós, mulheres, ficamos sem alternativa. O nível de criatividade de uma mãe solo é infinito. E, não, não há tempo. É preciso apostar. Você precisa ficar atenta ao que seu instinto aponta de talento ou potencial. Neste ponto, acredito que a solidão ajuda, porque os sentidos ficam acesos.

Os livros fizeram parte da minha vida desde sempre, como contei e, desde cedo, fui uma ávida leitora. Aprendi isso com minha mãe e apontei o caminho da leitura para meus filhos desde quando eram bebês. Fiz diversos trabalhos ao longo da minha maternagem, e o Sebrae/RJ foi o lugar que me acolheu por muitos anos, como já disse. Comecei minha jornada no mercado editorial em livraria, lugar que eu sabia ser um ponto de cultura.

Em seguida, fui trabalhar em editora: lugar de criação de conteúdo cultural. Assim construí, ou melhor, comecei a construir – pois acredito que tudo que cerca a leitura está sempre em construção – a minha biblioteca pessoal e as minhas referências literárias, uma rede de amigos e, tão importante quanto, a minha rede de conhecimento de mundo. Na sequência, poder público, políticas públicas. O amor aos livros me levou aos lugares. Não fui eu. Foi o meu amor. E minha militância.

Criar hábitos de leitura difere do gosto pela leitura. Será uma consequência da outra? O que pais, família, instituições de ensino, enfim, todos ao redor de uma criança podem facilitar para que essa longa e gostosa jornada seja a mais prazerosa possível? Um caso em minha vida, com meu filho Sylvio, me fez refletir e discutir bastante. Ele andava lá pelos 14 anos e a escola pediu, como paradidáticos, uma lista de livros no início do ano. Até aí, tudo corretíssimo. Todas as instituições trabalham dessa forma e aquelas que não o fazem, certamente, devem ter suas razões, sobretudo e talvez as financeiras, mas seria o ideal.

Todo profissional ligado à Educação, principalmente, possui o hábito, ao receber a lista exigida, de perguntar aos colegas se tal ou aquele livro se tem em casa, se um primo mais velho utilizou algum da lista em outro ano, se a editora fornece gratuitamente alguns exemplares, se consta do catálogo da biblioteca mais próxima, dentre várias outras formas de se economizar e de se aproveitar o que se tem.

Naquele ano específico, meu filho deveria ler *Os miseráveis*, de Victor Hugo. Achei na minha biblioteca uma belíssima edição da Cosac Naify. Capa dura, quatro cores, dois tomos, 1.500 páginas. E lá foi ele para a escola, com a obra em sua mochila e sem reclamar do peso. Ele sempre leu muito. Logo, se estava pesado ou se era um ou dois tomos não faziam a menor diferença para ele. No final do dia escolar, meu filho, acreditem, voltou com muita raiva e de mim! Durante a aula riram dele, inclusive o professor, pois todos estavam com uma versão simplificada de um dramaturgo famoso, com 87 páginas. Naturalmente fui à escola no dia seguinte conversar acerca de questão tão grave. Como se cria o gosto pela leitura? Sempre por intermédio de caminhos mais abreviados? O problema não residiu no fato de a turma e o professor optarem por uma versão resumida e, sim, na chacota de quem leu o original, isso é, ridicularizar o outro por possuir em casa a obra completa e, ainda por cima, lindíssima, como todo o catálogo desta editora, que, infelizmente, não existe mais.

Há pouco tempo, uma escritora paulista foi duramente criticada por tentar adaptar textos clássicos da Literatura Brasileira. A discussão foi acirrada. Seriam 300 mil exemplares, distribuídos gratuitamente pelo Instituto Brasil Leitor. E, ao final, nem sei se liberaram ou não, porque a questão é outra. Longe de mim fazer o papel de advogada do diabo, mas fica uma reflexão: adaptar a linguagem de um Machado de Assis, por exemplo, de um Graciliano Ramos, é válido ou não? Perde-se a essência da mensagem ou não? Respeita-se o autor ou não? E quem lê? Ganha o quê? Para adquirirmos – na vida – o bom hábito da leitura, necessitamos em primeiro lugar de gostar de ler. As mães[1], principalmente, e as instituições de ensino, nesse momento, constituem papel crucial. Acredito, portanto, que as adaptações, outros formatos e mesmo as inspirações para outas mídias, como o cinema, podem ser um excelente aliado para despertar o interesse pela leitura, o gosto. Mas, para isso, é urgente que gostar de ler e ter uma edição de mais de 1.500 páginas não seja um defeito, mas sempre entendido como uma qualidade, um diferencial.

De volta a nós, mulheres – essa força que move o mundo – somos, nós, na maioria das vezes, as responsáveis pela apresentação à leitura, a histórias, pelo fomento à criação do pensamento. Quando se é pequeno, quem relata esse mundo rico da fantasia é a mãe, a avó, a prima mais velha, a professora, ou seja, a mulher que está ao lado da criança e que estabelece, consciente ou

---

[1] Para saber mais sobre o papel da família na formação dos leitores, fenômeno chamado tecnicamente de "Literacia Familiar", recomendo que assista a alguns materiais disponíveis nas redes:
Link 1: https://www.youtube.com/watch?v=gFCs12q32go
Link 2: http://portal.mec.gov.br/component/tags/tag/literacia-familiar

inconscientemente, a base de uma longa experiência de vida. Esse dado, lamentavelmente, está presente na pesquisa "Retratos da Leitura" no Brasil. Lamento que assim seja, porque, entre outras coisas, significa que a criação dos filhos, ainda hoje, diz respeito somente às mulheres. Cabe, na construção que temos hoje, aos pais, apenas ajudar – verbo incorretíssimo quando se fala em parentalidade. Não obstante isso, em vários lugares pelo Brasil, há, infelizmente, adultos não alfabetizados, ainda que a oralidade, nesse instante, se faça presente e preciosa. Aliás, os contos de fadas tradicionais foram passando pelos séculos sem o apoio do papel. E assim, por meio do tempo, as crianças sabiam de várias histórias reais ou fictícias e, mais tarde, as passavam a outras gerações. A oralidade, ou seja, uma certa leitura do mundo, começou nos homens das cavernas, quando contavam uns aos outros seus acontecimentos diários, como também se perpetuam na literatura com personagens femininos tão fortes como Úrsula Iguarán, em *Cem anos de solidão*, de Gabriel Garcia Márquez; Ana Terra, em *O tempo e o vento*, de Érico Veríssimo; Dona Benta, de Monteiro Lobato, no

Sítio do picapau amarelo; ou Sinhá Vitória, em *Vidas secas*, de Graciliano Ramos.

Acredito que dentro de nós, mulheres, há uma contadora de histórias por excelência. Somos aquelas que, a partir das histórias, levamos nossa humanidade e nosso ser mulher adiante, para frente, impulsionando umas às outras nessa grande roda feminina. A mágica da trama que envolve o mistério das nossas vidas. A intuição latente que nos ronda ao longo de nossas vidas faz com que nossas histórias sejam sentidas e inspiradas por outras mulheres.

Dois ótimos exemplos desse ato de transmitir ao longo dos séculos são duas histórias que me ocorrem: *Rapunzel*, dos Irmãos Grimn, é de 1698 e *O pequeno polegar*, de Charles Perrault, de 1697. Como essas narrativas chegaram ao século XXI? Através da contação de histórias.

Observo até aqui, como a maternidade e os livros se misturam em minha vida. Se me permite, conto mais uma história sobre a minha relação com meus filhos. Minha filha devia ter uns 9, 10 anos e ganhou os quatro primeiros livros da coleção

Harry Potter, de J.K. Rowling, sucesso total e internacional, principalmente entre a garotada.

Um dia, ela estava na casa da avó e ouviu, em alguma estação de rádio qualquer, uma pessoa afirmando serem esses livros do mal. Que havia bruxaria, magia. Naturalmente, a fala era religiosa fanática, totalmente fora da realidade, e, consequentemente, Bruna ficou muito assustada. Ao me contar esse fato, dei-lhe a explicação correta, mas – para estabelecer ainda mais confiança em mim – sugeri que eu lesse o primeiro livro e, a seguir, passaria para ela. E assim foi feito. Dessa forma pude assegurar à minha filha que ninguém, muito menos uma mãe, vira bruxa ou jacaré por meio de uma simples narrativa. O resultado dessa empreitada? Bruna adora livros com muitas páginas e é apaixonada por sagas.

Há de se tomar muito cuidado com o que é dito (ou não dito), principalmente para as crianças. Em um momento do mundo da fantasia de *Alice no país das maravilhas*, de Lewis Carroll, há um diálogo sensacional, que vem a calhar:

— "Onde fica a saída?" Perguntou Alice ao Gato que ria

— "Depende", respondeu o Gato

— "De quê?" Replicou Alice

— "Depende de para onde você quer ir".

Se ela não tivesse me procurado e conversado sobre o que sentia, talvez não lesse a série deliciosa e eventualmente internalizaria um medo infundado, gerando até uma insegurança posterior. As mães estendem as mãos e explicam o mundo e, assim, a criança poderá fazer suas opções futuramente.

Carrego o que aprendi e continuo aprendendo com a maternagem também com a minha relação com o meu neto Francisco, Chico para os íntimos. Tenho uma grande amiga que sempre afirmou que o livro atravessa gerações. Minha vida reforça essa tese e, concomitantemente, me traz esperança. Fomentar o gosto pela leitura na infância e guiar nossas crianças a se tornarem adultos leitores permitirá que as próximas gerações também sejam leitores e assim a roda da leitura, ou melhor, a roda da vida, seguirá seu trajeto.

Chico e eu tínhamos um livro quando ele era pequeno. O título? *Minha avó é um problema*, de Babette Cole. Líamos juntos, inventávamos vozes e ríamos muito. O personagem principal, uma delícia aliás, era uma avó alienígena que abre uma agência de viagens para o planeta dela. Chico cresceu sempre lendo, até porque na minha casa sempre houve vários livros e ele foi bastante incentivado a consumi-los. Um dia ele me perguntou por que eu trabalhava com Literatura. Respondi que me preocupava muito o fato de nem todas as crianças terem acesso a textos literários como ele tinha. Francisco comentou que eu trabalhava muito e eu lhe expliquei ser um direito de todos saber ler, ter livros ou acessá-los com facilidade, daí eu trabalhar tanto para, um dia, alcançar esse objetivo.

Minhas ideias semearam no coração do meu neto, pois, certo dia, estávamos indo encontrar alguns amigos e ele me perguntou se poderia levar um livro e se poderia lê-lo para todos. Claro que sim, foi minha resposta. Para minha surpresa e emoção, a obra era *Os direitos das crianças*, de Ruth Rocha. E ele fez questão de não somente ler, mas também de mostrar as figuras a todos.

Preciso falar mais?

E fica a dica bem irônica de Guiomar de Grammont, escritora brasileira: "Ler realmente não faz bem. A criança que lê pode se tornar um adulto perigoso, inconformado com os problemas do mundo, induzindo a crer que tudo pode ser de outra forma. (...) Pais, não leiam para seus filhos, pode levá-los a desenvolver esse gosto pela aventura e pela descoberta que fez do homem um animal diferente."

Baixada Literária
Instituto C&
REDE NACIONAL DE BIBLIOTECAS COMUNITÁRIAS

Nova Iguaçu. Seminário promovido pela Baixada Literária, 2015

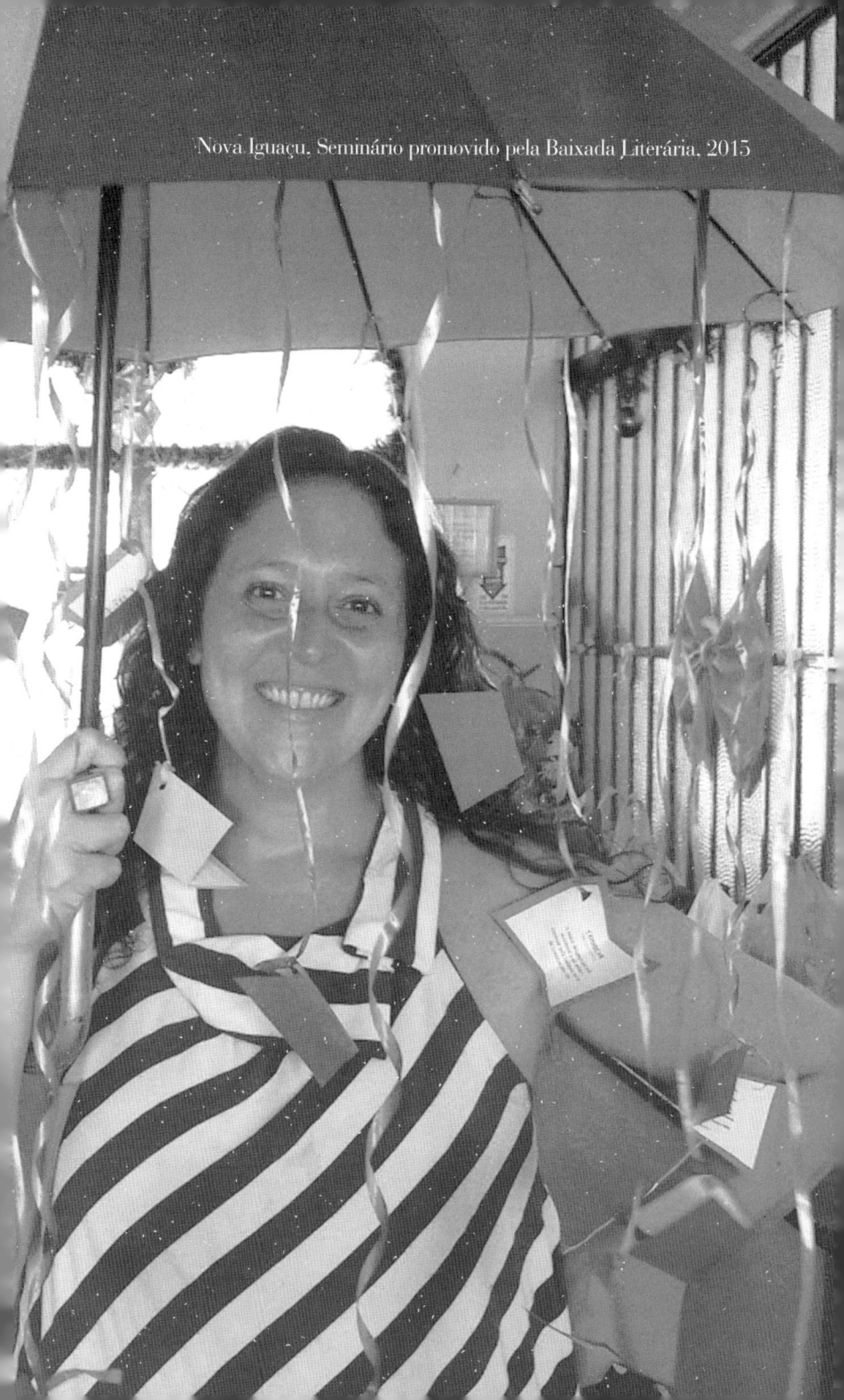

EDUCAÇÃO COMO BASE PARA FORMAR LEITORES

*A educação é um ato de amor, por isso,
um ato de coragem*

Paulo Freire

Percorro o tempo. O meu tempo. A minha vida. Em tantos momentos não consegui entender, compreender por completo o porquê de alguns caminhos – interrompidos alguns; outros não. Entretanto hoje tudo faz sentido. Clarinha, livros, Bruna, Sylvio e depois Chico. Sebrae, curso superior, livreira, blogueira (sim! Ainda não contei sobre o "Palavralida") para nas páginas seguintes trabalhar com políticas públicas e ações políticas.

Tudo se resume em uma palavra: livro. Todas as ações de minha vida convergem – sempre – para esse mundo misterioso, encantador e charmoso composto por bibliotecas, editoras, livrarias, literatura e pessoas extraordinárias. Enfim, essa sou eu. E a educação, sem sombra de dúvida, envolve as partes, é como se fosse uma pele protetora que precisa ser alimentada. Daí ser tão relevante discuti-la, conversar um pouco, refletir sobre.

Um dia recebi uma tirinha: "Aluga-se quarto com banheiro a 8 quadras do centro." E alguém pergunta: "Me interessa, mas não tem com o banheiro mais perto?" Pode até provocar o riso, mas – certamente – não é engraçado! A ambiguidade contida é o que provoca no leitor uma curiosidade para entender, pois é não é possível nem cabível um banheiro a 8 quadras! E algo precisa ser dito: comunicar não é o que se diz e, sim, o que o outro entende. Pode apostar: muita gente entendeu a piada supondo haver, de fato, essa distância entre um quarto e um banheiro.

Vivemos em um país com aproximadamente 214 milhões de analfabetos funcionais e apenas

12% da população encontra-se no nível proficiente, isso é, o mais alto. Esses dados assustadores são do IBGE. Converso muito com pessoas e aprendo. Sempre. E quando pergunto: "por que você acha que o brasileiro lê pouco ou às vezes nada?", recebo, em princípio, sempre a mesma resposta: "O brasileiro não lê, porque não sabe ler." Tal situação gravíssima é o primeiro grande impasse. A segunda resposta ouvida é sempre: "Brasileiro não lê porque não é instigado pelas famílias desde cedo." Aí esbarramos em outro problema: se uma família não tem comida na mesa, vai mesmo se preocupar com livro? O problema é, de fato, seriíssimo. E a terceira resposta que mais escuto é: "não é problema dos pais e, sim, da escola". Ao final, e para simplificar, até parece um jogo de empurra-empurra. Mas aqui estamos, juntos, para pensarmos sobre esse quadro real e tão grave de nossa sociedade. E nesses momentos, um texto poético, leve, singular como o de Valter Hugo Mãe nos salva e traz esperanças de tempos melhores: "As bibliotecas deviam ser declaradas da família dos aeroportos, porque são lugares de partir e de chegar. Os livros são parentes directos dos aviões, dos tapetes-voadores ou dos pássaros.

Os livros são da família das nuvens, e, como elas, sabem tornar-se invisíveis enquanto pairam, como se entrassem dentro do próprio ar, a ver o que existe para depois do que não vê."

Se alguém perguntar para os professores o que é o PNLL, asseguro que a maioria não tem ideia do que seja. Explico mais adiante, mas para você, leitor, para você, leitora, ter uma ideia do que seja, aí vai um resumo:

> PNLL (Plano Nacional do Livro e Leitura) são diretrizes básicas para assegurar a democratização do acesso ao livro, o fomento e a valorização da leitura e o fortalecimento da cadeia produtiva do livro como fator relevante para o incremento da produção intelectual e o desenvolvimento da economia nacional. (...) Têm por base a necessidade de formar uma sociedade leitora como condição essencial e decisiva para promover a inclusão social de milhões de brasileiros no que diz respeito a bens, serviços e cultura, garantindo-lhes uma vida digna e a estruturação de um país economicamente viável.

O Plano Nacional do Livro e Leitura, em um de seus eixos, prevê o papel do educador nas ações estabelecidas. Logo, me parece no mínimo estranho que profissionais da Educação desconheçam o plano. Uma das causas apontadas por algumas pessoas sobre as lacunas no letramento dos estudantes diz que "é obrigação do professor promover a leitura". Como fica então? Mas pensemos juntos: a maioria não lê, a maioria possui com duas matrículas, pois o que ganha não dá para pagar aluguel, comida, gás, luz, água, telefone e outros quesitos também importantes. Vai sobrar dinheiro para comprar livro ou fazer um curso de atualização? Alguns dados importantes: um professor de Educação Básica nível 1.1 ganha R$2.456,32 mensais em São Paulo; na Paraíba, a média do salário-base é de R$3.200,00 e, no Acre, oscila entre 2.744,00 e R$3.015,00. Em uma escola de Queimados, município do Rio de Janeiro, uma determinada escola paga o surreal valor de R$13,78 a hora/aula. Sem comentários.

Qual a realidade da maioria dos professores brasileiros? A maioria acorda às 5 da manhã, pega um transporte público – que na maioria das vezes está em péssimo estado – e às 7 horas já está em sala. Em algumas escolas, os tetos são vazados, as paredes não chegam ao teto. Problemas de voz são uma constante. Há excesso de crianças e as turmas ainda assistem a aulas como se estivéssemos no século 19. Um professor lá na frente escreve na lousa – hoje substituída por um quadro branco e caneta (entretanto, em alguns casos, é usado mesmo o velho giz). O almoço é corrido e segue-se para outra escola e para a mesma rotina dentro da sala de aula. Quando volta a casa, as mulheres, principalmente, vão fazer o jantar para as crianças, arrumar casa, lavar roupa e por aí vamos. Onde está o tempo para ler? E se o professor – que é o exemplo – não o faz, como vai exigir dos alunos? Mal consegue exigir dos próprios filhos! Um dilema, eu sei. Constato com tristeza que, em uma recente pesquisa realizada pela Fundação Maria Cecília Souto Vidigal, somente "55 % das turmas na Educação Infantil não separam tempo para a leitura (...) ¼ dos grupos analisados estão perto do ideal, que é previsto pelos documentos curriculares para creche e pré-escola".

E os professores da rede privada? São melhor reconhecidos e mais beneficiados? Sim, pois o salário é mais justo na maioria das vezes... entretanto lá se foi o tempo em que instituições de ensino pagavam 40 horas para determinados professores, ou seja, os chamados "exclusivos". O alunado mudou, não sei se para pior ou melhor, mas mudou. Faltam interesse, uma razoável cultura geral e reina, em todas as escolas, tanto nas públicas quanto nas, particulares a falta de educação. Será uma realidade mundial? Mudança dos tempos? Nesse sentido, acredito que uma formação com livros dará o apoio necessário para se começar a transformar essa sociedade. E aí se encontra uma das soluções. Derek Bok, ex-presidente de Harvard, sempre afirmou que "se você acha a educação cara, experimente a ignorância". Vários especialistas apontam os pais que trabalham muito e lidam mal com uma carga excessiva como os maiores responsáveis por esse quadro. Consequentemente a culpa se instala e a dificuldade de se dizer um não para o filho traz consequências sérias e graves. Não é papel da escola educar. Tal função cabe aos pais. Logo, não há dúvidas de que nas escolas particulares o quadro não difere tanto das públicas.

Concluindo, a maioria acha que o problema vem da família, ou seja, pais não têm o hábito da leitura, portanto seus filhos seguirão o mesmo caminho. E outros acreditam ser função da escola. Logo a criança, o jovem e, naturalmente, o adulto que não lê ou lê pouco, não desenvolve suas aptidões, não tem senso crítico, fica limitado – entre outras terríveis consequências. Obrigar o aluno a ler será uma solução? Ou se tornará somente uma obrigação e não um incentivo? Os que o fazem como tarefa, sem saberem do contexto histórico, da importância daquele clássico para entendimento do mundo daquela época e de como evoluímos como sociedade, vão mesmo compreender a obra e dali em diante a leitura será uma grande companheira de vida? De acordo com o periódico *Neurology*, pessoas que não sabem ler ou escrever têm maior risco de demência. Se, por um lado, alguns apontam os pais como os maiores responsáveis, outros apontam a escola. Mas, cá entre nós, não é responsabilidade da escola. E é sempre bom re(lembrar) que professores não são super-heróis e nem sua profissão é um sacerdócio. Tal ideia é ultrajante e ultrapassada.

 Este é o quadro educacional do Brasil do século XXI, de acordo com Mozart Ramos, integrante do Conselho Nacional de Educação: alunos assistem a aulas no modelo do século 19 (professor fala e aluno copia); professores tentam quebrar um pouco essa realidade rígida das instituições de ensino e conseguem chegar ao século XX com debates, conversas, outras indicações bibliográficas e alunos encontram-se no século XXI, operando e dominando uma tecnologia que nem todos conseguem acompanhar. Bom lembrar: excluindo os professores de Língua Portuguesa, a maioria esmagadora não lê. Entretanto – e apesar de – houve progressos. A escola do século 21 é mais inclusiva, o material evoluiu (mas os sistemas de ensino precisam ser reavaliados como também alguns exames de vestibular), e castigos como a palmatória foram abolidos. Sem dúvida alguma fica o questionamento: será que no sistema atual é interessante investir na educação ou, quanto pior, melhor? Outro dia recebi uma tirinha em que um garoto pergunta a seu professor: "Eu não consigo entender por que a maior parte do desvio de verbas é da educação." E ele responde: "É justamente para que você não venha a entender." Aliás, não posso deixar de comentar o escândalo que assolou o país (mais um) e resultou na prisão do ex-ministro da Educação, Milton Ribeiro, envolvido em escândalos financeiras e corrupção. Bruno Boghossian, em artigo da *Folha de S. Paulo*, afirma que "o princípio do quanto pior, melhor costuma ser um instrumento de baixo custo para políticos de oposição. Não existe autoridade, preparo ou responsabilidade. Basta torcer para que muita coisa dê errado num determinado lugar e assistir ao desgaste dos governantes que mandam ali." Glauber Rocha, um dos mais geniais cineastas brasileiros e responsável pelo chamado Cinema Novo, foi um ferrenho crítico da ignorância cultural do país. Para ele, produzir cultura era a solução para melhorar a ignorância do povo. Esse "quanto pior, melhor" é um desastre não somente no campo da Educação. Hoje, enquanto escrevo, acabo de saber que, na Bahia, com uma parceria público-privada entre as secretarias de Cultura e Educação e o cine Metha Glauber Rocha, um projeto saiu do papel e tornou-se realidade: alunos e professores da rede pública assistem gratuitamente a sessões de cinema. O objetivo é estimular a criatividade e o desenvolvimento do senso crítico, gerando, naturalmente, novos horizontes. Os recursos sabemos que existem. O que falta, sinceramente, é vontade política em alguns casos. Leio em trecho do livro *Leitura: uma aprendizagem de prazer*, de Suzana Vargas, o que julgo ser uma reflexão para quem trabalha com Educação: "Qual é a diferença entre ledores e leitores, se os dois são decodificadores de discursos? A diferença está na qualidade da decodificação, no modo de sentir e de perceber o que está escrito. O leitor, diferentemente do ledor, compreende o texto na sua relação dialética com o contexto, na sua relação de interação com a forma. O leitor adquire através da observação mais detida, da compreensão mais eficaz, uma percepção mais crítica do que é lido, isto é, chega à política do texto. A compreensão social da leitura dá-se na medida dessa percepção. Pois bem, na medida em que ajudo meu leitor, meu aluno, a perceber que a leitura é fonte de conhecimento e de domínio do real, ajudo-o a perceber o prazer que existe na decodificação aprofundada do texto (...). Nesse sentido, letrar é mais que alfabetizar. A missão do professor é a de orientar o aluno na aquisição da flexibilidade linguística necessária ao desempenho adequado que lhe será exigido em sociedade. Analisar diferentes textos e compará-los, pesquisar os porquês das diferenças, construírem regras sobre o uso da língua e, a partir das descobertas, reescrever textos são práticas que produzem excelentes resultados na capacitação do aluno no uso da língua. Para tanto, é fundamental que o professor aprofunde seus conhecimentos [...]." De volta ao início da nossa conversa, diante de uma realidade social e política atual, atingir esse ideal de Educação é bastante complicado. Mas há soluções, acredito.

Por outro lado, seguem mais controvérsias. Muitas pessoas acham que o brasileiro lê muito. É um potencial consumidor de leitura em redes sociais e *sites*, por exemplo. O problema está no baixo índice da qualidade da leitura. Alguns acreditam (e eu concordo) que a solução encontra-se em mais bibliotecas disponíveis para a população, livrarias espalhadas em locais de grande circulação e nas periferias, além, é claro, de incentivos para a compra de livros, clubes e festas literárias, projetos de leitura, concursos de poesia e prosa em escolas. Talvez, hoje, além de tudo, tenhamos, nós, entusiastas do livro, que levar em conta o tempo que se é gasto nas redes sociais. Esse tempo precioso gasto em memes e curtidas toma tempo que poderia ser dedicado ao hábito da leitura. No entanto, precisamos olhar as redes como possíveis aliadas à leitura, e não entraves. Quando os preços de Ipads, computadores, kindles e afins se popularizarem, certamente, todos ganharão. E – evidentemente – vai depender, também, da família e da visão da escola. Pode parecer uma solução simplória, entretanto não é. Para além disso, temos ainda os fenômenos digitais de divulgação de livro, que podem ser redes como o TikTok. O meu desejo é que haja cada vez mais dancinhas em prol do livro. Se o queridinho TikTok é a rede da atualidade, antes já passamos pelos canais de Youtube, pelos blogs. E acredito, sinceramente, que para o acesso ao livro acontecer, devemos tirá-lo da torre de marfim. Vi essa semana na televisão a Thalita Rebouças, que além de ter livros adaptados para a telona, agora é coapresentadora de um programa de uma grande TV aberta. É isso, autores e autoras devem ter todo tipo de destaque nas grandes mídias. Ler, escrever, ilustrar, ser do mundo do livro deve se tornar moda, tendência.

Não há dúvidas de que há controvérsias, que reforçam essa discussão e são muito bem--vindas. Segundo Maria do Carmo Moreira dos Santos, mestra em Literatura Comparada, doutora em Literatura brasileira e professora de Língua e Literatura em Belo Horizonte, "nunca lemos tanto como atualmente. O tempo todo, os usuários de celular trocam mensagens, ora lendo ora escrevendo. Mas não é esse tipo de leitura a que nos referimos. Essa é rápida e na maior parte ligada à práxis da vida. Não obriga o sujeito a pensar, a refletir sobre o seu 'estar no mundo". Pensar dá trabalho, pensar incomoda. Essa é uma das razões pelas quais as pessoas leem pouco. A outra é uma questão cultural. A população gasta muito tempo com a televisão, com os *fast food* da cultura de massa. E a leitura do texto literário (conto, romance, poesia, crônica e outros gêneros) fica de lado. Não é apresentada corretamente às crianças. Na família, não há espaço para livros e leitura e isso precisa mudar. É preciso oferecer às crianças a leitura de boa qualidade assim como os alimentos. As escolas também têm um papel preponderante na formação de leitores. Oferecer na escola como forma de avaliação e cobrança não é o caminho. Todorov (filósofo e linguista búlgaro), em *A literatura em perigo*, reivindica que o texto literário volte a ocupar o centro e não a periferia do processo educacional (e por conseguinte da nossa formação como cidadãos). Logo, a leitura da literatura é sempre marcada por experiências inefáveis. A exemplo disso está o contato que o leitor tem com a estética do texto, que o transporta para outras vidas, para outros mundos, trabalhando algo tão carente nos brasileiros hoje: a empatia, o olhar carinhoso e a compreensão a respeito do outro".

Analisemos ainda alguns dados bastante interessantes:[2] A compra é, ainda, a principal forma de acesso ao livro. O Nordeste é a região que mais lê. No Recife, por exemplo, a maioria de leitores pertence à classe C. Diferente do que o Mnistro Paulo Guedes afirmava recentemente ao propor uma tributação para o livro, ainda que estejagarantida em nossa Constituição a isenção fiscal do livro. e são mulheres. O brasileiro escolhe a compra, em primeiro lugar, pelo tema e/ou assunto, depois pelo título, em terceiro lugar, pelo nome do autor e, em quarto, pelo preço. Surpreendente, não? De acordo com a pesquisa "Retratos da Leitura no Brasil"[3], a classe C é a maior leitora e compradora de livros e ricos e escolarizados lideram o ranking dos que leem menos no Brasil.

E se falamos em leitura, leitores e afins, a imagem de uma livraria obrigatoriamente vem à

---

[2] Diferente do que o Mnistro Paulo Guedes afirmava recentemente ao propor uma tributação para o livro, ainda que esteja garantida em nossa Constituição a isenção fiscal do livro.
[3] Confira no link a pesquisa na íntegra: https://www.prolivro.org.br/pesquisas-retratos-da-leitura/as-pesquisas/

mente. Jorge Carrión, em *Livrarias, uma história de leitura e leitores* nos conta que "pelo menos desde a Roma Antiga, as livrarias são os espaços relacionais em que a textualidade se torna mais física, mais do que na sala de aula ou na biblioteca, por causa de seu dinamismo. São principalmente os leitores que se movem, que ligam os exemplares expostos ao caixa, e, portanto, aos livreiros, que tiram moedas, notas ou cartões de crédito e os trocam por livros e em seus movimentos observam o que os outros compram ou procuram. (...) As livrarias também têm um relacionamento conflitivo com as instalações que as contêm, que parcialmente as definem, mas não as constituem. E, com seus próprios nomes, que muitas vezes mudam com seus sucessivos proprietários. Por dentro e por fora, as livrarias são portáteis e mutantes".

Entretanto e apesar de concordar com a eficácia das livrarias, há um fato que chama muito atenção de todos nós: elas estão desaparecendo da paisagem urbana brasileira. Os dados são espantosos: segundo o IBGE, em 2001 havia ao menos uma livraria em 42,7 % dos 2.374 municípios do país; em 2018, apenas 17,7% em 5.570 municípios. Os mais pessimistas acreditam inclusive que entrarão em extinção assim como as locadoras e as lojas de disco. Será? O cenário é assustador. De acordo com Diogo Comba, professor de redação do Ensino Médio no Rio de Janeiro, alguns estabelecimentos sobreviveram um tempo em virtude dos livros de colorir para adultos e até as bancas de jornais precisaram se reinventar nesses novos tempos de kindles, celulares e tantos outros aparatos tecnológicos. É possível a coexistência de livros físicos com os digitais? Eu acredito que sim! Quando a fotografia foi criada, em 1826, por Joseh Niépce, a turma ligada à literatura e todos ligados às artes de um modo geral acharam que tal "invenção" seria a morte da pintura. E, naturalmente, tudo se acomodou com o tempo. Nichos distintos: a pintura continuou evoluindo da mesma forma que a fotografia.

Paralelamente a essa realidade analisada até aqui, cabe ressaltar que o mundo mudou. Muito e rapidamente. Fato! Um adolescente de classe média brasileira estuda, hoje, com um computador com comando de voz ao lado. Certo ou errado, não cabe a mim avaliar. Um adolescente de classe social desfavorecida, às vezes, nem livro tem. O mundo corre, as pessoas correm, é como se faltasse tempo para tantas demandas. As plataformas são de uma rapidez e agilidade impressionantes. Atualmente existe uma geração que Mario Sergio Cortella, educador e filósofo paulista, denomina de "geração miojo". Sabem por quê? A maioria deseja tudo pronto em três minutos, consequência, talvez, do excesso de informações e distrações nas redes sociais. Redes sociais podem viciar e geram uma certa resistência à cultura e a atividades que exigem tempo e algum esforço. Pode soar engraçado, todavia também é muito triste. Há 50, 60 anos o tempo era mesmo outro. Só havia rádio e televisão e, portanto, mais tempo para a leitura. A internet quebrou todos os paradigmas e provocou uma revolução no mundo. Como nos adaptar? Como provocar o leitor, para que ele sinta o prazer da leitura? Como mostrar que leituras rápidas e rasas não nos farão cidadãos com pensamentos próprios? Que tal atentar para o surgimento de novos autores? Novos poetas? Novas editoras? Do novo! Ou somente os clássicos têm valor? Difícil, eu sei, mas há solução. Por falar em autores novos, são muito bem-vindas a escolha dos livros para o vestibular da Uerj de 2023: *Niketche*, de Paulina Chiziane para a prova de Língua Portuguesa e Literaturas, e *Não me abandone jamais*, de Kazuo Ishiguro, para a prova de redação. Apesar de ambos os autores serem solenes desconhecidos pela maioria dos candidatos, nunca é demais ressaltar que Paulina venceu em 2021 o prêmio Camões e Kazuo, o prêmio Nobel de Literatura em 2017.

Além dessa nova realidade mundial, existe a urgência em se pensar os títulos escolhidos, não só nas instituições de ensino como também nos concursos de vestibular, como vimos acima. Não posso discutir a democratização do acesso ao livro e, consequentemente, à leitura, sem tocar num ponto bastante discutível entre professores. Um bom exemplo foi o vestibular da Fuvest – o mais concorrido de todos em 2022. Como é de conhecimento de todos os candidatos, há a exigência, assim como na Uerj, de uma lista de livros. Vamos a alguns títulos: *Poemas escolhidos*, de Gregório de Matos; *Angústia*, de Graciliano Ramos; *Campo geral*, Guimarães Rosa e *Romanceiro da inconfidência* de Cecília Meireles, entre outros. Longe de mim julgar, mas sei de inúmeros professores, tanto de escolas públicas e privadas, que têm o seguinte questionamento: um garoto, uma garota de, em média, 17 anos, vai mesmo entender Guimarães Rosa, um Machado de Assis ou vai odiá-los para o resto de suas vidas e, dessa forma, perderão ambos a magnitude? *Torto arado*, sucesso de Itamar Vieira Júnior, é de fato compreendido por um aluno com 15 anos? Os estudantes de todo o país têm estofo intelectual para ler os clássicos, por exemplo, ou a injustiça é tamanha que alguns (pouquíssimos) conseguem e outros, não?

Como em uma democracia, ouvimos outras vozes que defendem exatamente o contrário: é essencial a leitura dos clássicos para se ingressar em uma universidade. Quem defende essa necessidade acredita que sem essa base é muito difícil construir uma maturidade emocional e cognitiva para entender, por exemplo, um texto de Foucault que – na maioria das universidades – é apresentado aos alunos no primeiro período.

Mas... todos os adolescentes do país têm acesso a esses livros, todos adquiriram ao longo de sua vida escolar essa maturidade exigida? Ou seja, os vestibulares no Brasil, inclusive o ENEM, são justos ou dirigem-se, ainda, a uma determinada elite? Ou a inserção de cotas já transformou e muito esse quadro? Em 2000, a Assembleia Legislativa do Estado (Alerj) aprovou uma lei que reservava metade das vagas nas universidades estaduais para alunos oriundos de escolas públicas. Quatro anos depois, em 2004, a Uerj foi a pioneira no Brasil a adotar vagas para esse mesmo grupo de escolas públicas, adicionados negros e pardos. Daí em diante outras universidades adotaram as cotas. Em 2012, finalmente, a Lei nº 12.711 foi aprovada, o que obrigou todas as universidades federais a reservarem parte das vagas para estudantes negros, pardos e índios de baixa renda e os advindos de escolas públicas. Inúmeros são os objetivos, mas há um em especial – o da reparação histórica em razão da famigerada e vergonhosa escravidão. Dessa forma, o intuito é diminuir as abissais diferenças entre brancos e negros no país.

Acredito que há solução, ou melhor dizendo, soluções. Uma delas é a criação de mais bibliotecas. E, nesse contexto, as instituições de ensino exercem papel fundamental. Há uma lei, a de nº 12.244/2010, denominada Lei da Universalização das Bibliotecas Escolares, determina que "todas as instituições de ensino do país, públicas e privadas, deverão desenvolver esforços progressivos para constituírem bibliotecas com acervo mínimo de um título para cada aluno matriculado - ampliando este acervo conforme sua realidade, bem como divulgar orientações de guarda, preservação, organização e funcionamento das bibliotecas escolares".

A data para a implementação em todo o país foi aprovada em maio de 2010, estabelecendo-se o prazo de terminalidade do projeto em maio de 2020.

De acordo com o Ministério Público do Paraná (MPPR), dados do censo escolar de 2018 indicam que pouco mais da metade (51,2%) das escolas brasileiras têm bibliotecas. O estudo aponta também uma diferença significativa entre as escolas públicas e os particulares: na rede pública, apenas 45,7% das escolas têm bibliotecas, índice que alcança 70,3% no caso das escolas particulares.

É inegável a positividade dessa lei. A questão é: os padrões de exigência são, de fato, cumpridos, ou mais uma vez o brasileiro tenta dar um "jeitinho" de não cumprir a lei? Já vi escola particular no Rio de Janeiro ser multada por não obedecer a determinação à risca. Infelizmente essa é mais uma realidade triste. O midiático Padre Fábio de Melo narrou uma bela história pessoal em entrevista: quem salvou a vida dele, segundo o próprio, foi a bibliotecária de sua escola. Ela lhe dizia que ali, naquele espaço, havia todas as histórias do mundo, mas, para conhecer os autores, tinha de ler os respectivos livros. Quanta sensibilidade dessa mulher!

E a alfabetização? César Campos, atual conselheiro efetivo do Conselho Regional de Administradores do Rio de Janeiro, afirma o que a maioria pensa: "A leitura exige incentivo desde a alfabetização. Quando valorizamos o esforço da criança para se alfabetizar passamos a mensagem de que um novo mundo vai se abrir com a leitura. E aí os pais e professores têm de mostrar na prática esse novo mundo de possibilidades com os bons livros de história infantil, que vão mostrar fatos novos e instigar a curiosidade, que só aparecem nos livros A democratização do livro é um passo indispensável para complementar esse estímulo dado à leitura. Se não houver livros à mão, disponíveis e baratos, todo o esforço é perdido."

Às vezes me pego pensando: será que, se houvesse uma real democratização ao acesso à leitura, as pessoas sentiriam tanto receio de virarem páginas de sua vida e seguirem outros rumos? Epícteto[4] de fato estava certo? Ler, de fato, cria mundos? Eu acredito, verdadeiramente, que sim! A cultura, a leitura e a poesia são como o alimento diário que precisamos para o corpo, necessitamos buscar essas fontes de conhecimento todos os dias.

A partir de um livro, uma pessoa pode escolher seus rumos, seus caminhos. Democratizar o acesso ao livro e à leitura é pegar na mão do outro, página a página, e mostrar um mundo mágico, ao mesmo tempo absolutamente real.

Em 2018 foi sancionada a Política Nacional de Leitura e Escrita (PNLE)[5], ou Lei Castilho, extraordinária iniciativa que necessita ser implementada em todo o país.

---

[4] Filósofo grego estoico.
[5] O projeto da Lei Castilho é de autoria da ex- Senadora do Rio Grande do Norte e atual Governadora deste mesmo estado e a relatora da lei foi a Deputada Federal Maria do Rosário. Confira ao final do livro o texto da lei na ítegra.

PNLL E PNLE SÃO A MESMA COISA?

Não. PNLL é a sigla para o grande Plano Nacional do Livro e Leitura, documento norteador de políticas públicas que tem como base quatro grandes eixos principais:

- Democratização do acesso ao livro
- Formação de mediadores de leitura
- Valorização da leitura e o incremento do seu valor simbólico
- Desenvolvimento da economia do livro

Este plano tem a missão de ser revisitado e novamente escrito a cada dez anos, ou seja, é um plano decenal, para atualização de implementação de novas práticas leitoras.

PNLE é a sigla para a Política Nacional de Leitura e Escrita, chamada de Lei Castilho, por deferência ao Secretário do Plano Nacional do Livro e Leitura que conduziu a construção do PNLL, José Castilho Marques Neto. Essa política possui como base as metas, estratégias e ações do PNLL.

Portanto, a lei regula o plano que precisa ser renovado a cada dez anos.

Se existe a Lei nº 13.696, a qual estabelece estratégias que devem contribuir para a universalização do direito ao acesso ao livro, à leitura, à escrita, à literatura e às bibliotecas, seria facílimo aplicá-la e o problema estaria resolvido. Correto? Não. Infelizmente não é tão simples como se pensa à primeira vista. É necessário refletir sobre as causas de tão pouca leitura nesse país. O problema é recente? Claro que não! Vem piorando com o tempo? Com toda certeza! Todavia, se há essa lei, o caminho fica menos árduo e já é um ganho magnífico.

José Castilho, como explicado anteriormente, ao longo dos seus dois períodos como Secretário - de 2006 a 2011 e de 2013 a 2016 –, com a participação fundamental de muitos atores do livro e da leitura, como a bibliotecária Elisa Machado, a Presidente da FEBAB Adriana Ferrari, a pesquisadora Maria das Graças Monteiro Castro e tantos outros atores, conduziu a construção do plano. Além das citadas colaboradoras, é importante destacar como peças fundamentais para esta articulação os Membros do

CNPC (Conselho Nacional de Políticas Culturais). Quando assumi a Secretaria do PNLL, como sua sucessora, em 2017, coube a mim articular politicamente no Congresso Nacional o andamento do Projeto de Lei, tanto no Senado, como na Câmara de Deputados. Ou seja, tenho orgulho de dizer que o Poder Legislativo, foi durante a minha gestão, pressionado a sancionar a Lei nº 13.696/2018. Importante dizer que até então, não havia no Brasil uma lei que tratasse no Brasil o livro em todos os seus âmbitos. Isso é um marco histórico, que como toda a trajetória do livro no Brasil, é resultado de uma coletividade.

Vamos refletir juntos e verificar agora quais fatos são os verdadeiros e graves empecilhos para que essa democratização seja realizada de forma efetiva, pois acredito que, sem analisarmos as causas, jamais conseguiremos alcançar nossos objetivos. Sempre é bom ressaltar que o país tem dimensões continentais e é com essa realidade geográfica que lidamos. O sudeste, em níveis socioeconômico e cultural, difere do sul que – por sua vez – difere do norte e por aí vamos. Uma ação, um projeto, uma proposta para ser trabalhada em um território de 8.547.403 km² (5º maior país do mundo em extensão territorial) já é, por si só, um tremendo desafio. Daí a urgência de todos entenderem, de todos assimilarem as dificuldades, porque somente juntos conseguiremos realizar o sonho de tornar o Brasil um país leitor.

Paraty, FLIP 2017, mesa na Câmara de Vereadores sobre PNLL e outras políticas públicas para o livro, ao lado de Antonio Torelli, ex-presidente da CBL (Câmara Brasileira do Livro), Fátima Bezerra, atual Governadora do Rio Grande do Norte e Volnei Canônica, além de um amigo que o mundo do livro me deu, Presidente do Instituto de Leitura Quindim.

Muito se discute o porquê de o Brasil apresentar um índice tão baixo de leitores, quando comparado a outros países. Alguns acreditam em uma defasagem histórica em relação à Europa. Quando por aqui chegaram Pedro Cabral e sua turma, Michelangelo pintava - à mesma época - o teto da capela Sistina. Portanto, comparar o Brasil à Europa é perda de tempo. É alienação ou, o que é pior, é ficar alimentando esse sentimento de *vira-latismo* que alguns brasileiros ainda possuem. De acordo com o Mestre em História e psicanalista membro da CPB-RJ, Gustavo Pereira, "as causas dessa constatação de que há pesquisas comparativas entre países são muitas. O saber formal, historicamente, sempre foi restrito à elite, sendo a maioria da população analfabeta até recentemente. Ler era algo para poucos e uma marca de distinção social. Pela distinção social, e me arrisco em dizer, como mecanismo social de defesa, ler passou a ser visto como 'frescura' (assim como 'outros' gostos da dita elite.) As escolhas provocam o incentivo à leitura de maneira formal e conteudista, sem envolvimento no processo da descoberta da leitura. É estranha a tal prova do livro. Perde o sentido. Há poucas bibliotecas públicas. Esse ambiente é agradável, charmoso, mágico".

Tenho uma amiga com quem converso muito sobre arte, livros, cultura e nossa vida como militante do livro e da leitura. Outro dia chegou a ela um texto de Flavia Sollero, psicanalista e doutora pela PUC-RJ, que a comoveu bastante. Daí ter compartilhado comigo. Trata-se de mais um testemunho sobre a relevância das bibliotecas, "como estou atendendo pessoas jovens, num programa de psicoterapia voluntário, tenho acesso às suas histórias de vida. E percebi que, num ambiente doméstico e familiar de violência física, mas também de outros tipos de violência como a negligência, o abandono afetivo e a fome, mesmo, as bibliotecas públicas e as bibliotecas das escolas públicas – por mais desorganizadas e carentes que sejam – são um lugar de refúgio para essas crianças desoladas. Para fugirem desses ambientes inóspitos, elas recorrem a estes lugares, onde têm silêncio, acolhimento e um lugar onde podem sonhar, viver "outras realidades" que existem nos livros. (...) Sei que temos bibliotecas comunitárias que surgiram a partir de livros jogados fora. E me angustia o desperdício que esse país faz de crianças tão inteligentes, que perdem rapidamente a esperança de uma vida melhor (escolha a definição que quiser...) pelo abandono, pelo ensino, em geral de péssima qualidade (por vários motivos que não vou mencionar aqui...). Quando a criança ou o adolescente encontram bom ensino, correspondem, se dão o direito de sonhar, de desejar um lugar mais "confortável para viver... Então, acho que se levássemos a sério o papel crucial das bibliotecas públicas na criação desse lugar acolhedor, onde se pode imaginar, já teríamos um bom início de conversa".

A originalidade de alguns projetos ratificam as palavras da Flavia Sollero. Há 20 anos, existem as Bibliotecas Humanas, na Dinamarca, onde pessoas são transformadas em livros. Como assim, você pode se perguntar? Você pode pegar emprestada uma pessoa e ouvi-la contar sobre sua vida durante 30 minutos. Cada um tem um "título": desempregado, bipolar, refugiado, autista, entre vários outros. Um dos objetivos é provocar no outro o não "julgar o livro pela capa", ou seja, é uma forma encontrada para se diminuir o preconceito. Um caso: um cidadão sente preconceito contra qualquer muçulmano, após o atentado de 11 de setembro em Nova Iorque. Conhecer um pode auxiliar a mudar essa concepção e entender melhor o que representa tal cultura. Abdollah Shakib, voluntário desse projeto, além de ter escrito dois livros, sempre vai às escolas, às universidades ou bibliotecas para narrar a história de como sua família fugiu da guerra civil no Afeganistão, em 2000, para a Dinamarca. Minha editora, Raquel Menezes, executa um excelente trabalho sobre diversidade, por meio de sua editora Oficina Raquel. Não foi à aceitei seu convite em fazer este livro e contar minha trajetória no livro e na leitura, bem como refletir sobre os pontos principais para a construção de um país leitor: investimento em edução, apoio e incentivo a bibliotecas e suporte ao mercado editorial.

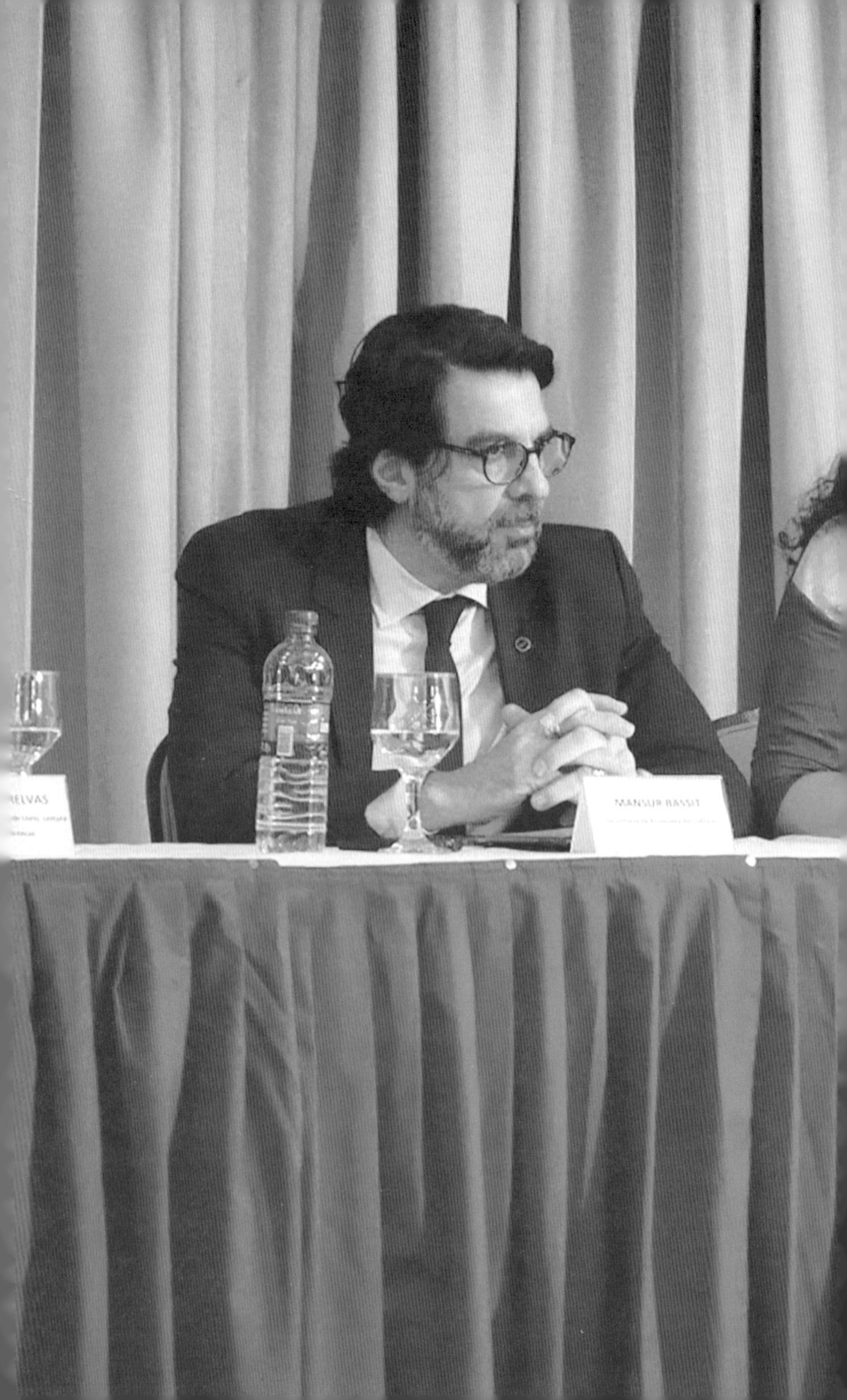
MANSUR BASSIT

Seminário Ibero-americano de Bibliotecas Públicas, em 2018, ao lado de Mansur Bassit, que estava Secretário da Economia Criativa do Ministério da Cultura e Lovania Garmendia (Presidenta do Iberbibliotecas – Costa Rica).

BIBLIOTECA
E O SENSO DE
COMUNIDADE

> *A experiência da leitura e a experiência
> da viagem vida afora espelham uma à outra.*
>
> Alberto Manguel

Os clubes de leitura reúnem pessoas desde o século 18, atraindo grupos de mulheres nos Estados Unidos e a aristocracia na França. Luzia de Maria, autora de *Clube do livro: ser leitor, qual diferença faz?*, da editora Globo, descreve o saber ler como uma tecnologia, uma "via de acesso às complexidades e desafios de um mundo multifacetado de rápidas transformações e extremamente competitivo". Ela defende a ideia de que os estudantes precisam sair da escola leitores e, quem não conseguiu (sejam lá por quais razões forem) deve começar por si mesmo procurando uma biblioteca. Ações simples transformam. No presídio de Tremembé, em São Paulo, há um clube de leitura, causando impacto na vida dos detentos, assim como a Fundação Prof. Dr. Manoel Pedro Pimentel (Funap) mantém, em parceria com a Companhia das Letras, tais clubes em doze presídios de São Paulo. E esses são apenas dois dessa engrenagem fantástica do livro, e que sempre é um movimento da periferia para o centro, daí seu considerável diferencial. Que seja uma pessoa atingida pela leitura, que sejam duas pessoas, mil, o objetivo é sempre alcançado.

"Um bom livro, Marcus, não se mede somente pelas últimas palavras, e sim pelo efeito coletivo de todas as palavras que as precederam. Cerca de meio segundo após terminar o seu livro e ler a última palavra, o leitor deve se sentir invadido por uma sensação avassaladora. Por um instante fugaz, ele não deve pensar senão em tudo que acabou de ler, admirar a capa e sorrir, com uma ponta de tristeza pela saudade que sentirá de todos os personagens. Um bom livro, Marcus, é um livro que lamentamos ter terminado. Quanta verdade há nessas palavras retiradas do livro *A verdade sobre o caso Harry Quebert*, de Joël Dicker!- Tratamos das bibliotecas públicas, as das instituições de ensino, e agora é hora de debatermos as comunitárias. Além de promover uma melhor organização social e gerar oportunidades para autores locais, constituem-se em espaços populares, criados – na maioria das vezes – pela própria comunidade, tendo como objetivo incentivar não só a cultura, como também a leitura e o compartilhamento de livros. Segundo Sthefano de Farias, do Espaço Releitura, na região metropolitana do Recife, "[...] o mais importante que a gente precisa destacar é que as bibliotecas comunitárias não atuam somente na democratização da leitura, elas acabam democratizando também outros direitos, direitos fundamentais como a própria alimentação, o acesso à comunicação e diversos outros direitos humanos que infelizmente são negados às comunidades".

E observem que belo depoimento, em matéria de 24/2/2022, do jornal O Dia, L., um socioeducando do CAI Baixada deu: "Quando eu cheguei no Degase me sentia vazio, sem nenhuma qualidade, sem perspectivas. Meu vocabulário era limitado, eu não sabia falar direito com as pessoas, me comunicar direito, de dez palavras que eu falava, sete eram gírias. Mas com a leitura eu pude conhecer outros mundos, outras experiências que eu nem fazia ideia que existiam. Isso mudou minha forma de falar, minha forma de agir. Agora eu incentivo todo mundo a ler também". Cabe observar que o Degase, no Rio de Janeiro, é o órgão responsável por assistir adolescentes com problemas relativos às leis e o CAI é o Centro de Atendimento de Belford Roxo.

Alguns números nos ajudam a explicar melhor a relevância das bibliotecas comunitárias. No Brasil, existem aproximadamente sete mil bibliotecas cadastradas no Sistema Nacional de Bibliotecas do Ministério da Cultura[6]. Dessas,

---

[6] O Ministério da Cultura foi extinto pelo governo do presidente Jair Bolsonaro, tornando-se uma secretaria especial.

141 são públicas. No Tocantins, isso corresponde a uma para cada dez mil habitantes; em contrapartida, o Rio de Janeiro apresenta o pior índice: uma para cada cento e onze mil. Em relação às bibliotecas comunitárias, 86,7% estão localizadas em áreas urbanas, em regiões de elevados índices de violência e com a total exclusão de serviços públicos. Desde 2015, existe a Rede Nacional de Bibliotecas Comunitárias (RNBC), a qual tive a honra de ver nascer desde o início, com aproximadamente 120 presentes em nove estados. Sinto um imenso orgulho desse trabalho.

Acredito que até agora já pude mostrar para vocês, meus leitores e minhas leitoras, a incomensurável importância do livro e de como sou rodeada por eles. Felicidade a minha! Os dados são de 2019, mas podemos, perfeitamente, enxergar o valor incomensurável da rede. Segundo o site HTTPS://rnbc.org.br, "existem 11 redes de bibliotecas; 115 bibliotecas comunitárias no Brasil; 42.200 pessoas foram atendidas e 26.600 livros emprestados".

Projeto	Local	Descrição
Jangada Literária	Ceará	A *Jangada Literária*, no Ceará, com 11 bibliotecas integradas, possui um acervo de 10 mil livros.
AM Literária	Pará	*AM Literária*, no Pará, apresenta, como seu diferencial, o projeto "Ruas de Leitura", evento integrado à Rede que leva atividades literárias e culturais pelas ruas e praças.
Ilha Literária	Maranhão	*Ilha Literária*, no Maranhão, começou seu trabalho com o incentivo à leitura de uma instituição apoiada pelo Programa Prazer em Ler, do Instituto C&A.
Beabah	Rio Grande do Sul	*Beabah*, no Rio Grande do Sul, ajudou a construir um novo conceito de biblioteca comunitária com um atendimento aos parceiros locais, malas de leitura, presença de escritores, diálogos com diferentes linguagens artísticas e formação de mediadores.
Litera-Sampa	São Paulo	*LiteraSampa*, em São Paulo, tem – em suas principais ações – a crença que a leitura é um direito e um valor cultural inestimável rumo à cidadania plena.
Mar de leitores	Rio de Janeiro	*Mar de leitores*, no Rio de Janeiro, inclusive com um grupo no Whatsapp para sempre conversarmos e trocarmos ideias. E também tem página no Facebook, Instagram e YouTube para a difusão de trabalhos.

Projeto	Local	Descrição
Rede Baixada Literária	Rio de Janeiro	*Rede Baixada Literária* consiste em um polo de bibliotecas, afastado dos limites do centro das cidades. Também referência e liderança na construção do PMLLLB – Plano Municipal do Livro, Leitura, Literatura e Bibliotecas de Nova Iguaçu. Em 2014, esse município do Estado do Rio de Janeiro foi o único do país a ter o plano aprovado com orçamento garantido em lei. A união de forças, antes dispersas em locais isolados, vem contribuindo para democratizar a leitura na Baixada Fluminense, enfrentando o desafio da falta de acesso à cultura literária e ampliando o número de leitores na região. A Rede é formada, atualmente, por 19 bibliotecas comunitárias, mantidas por diferentes instituições sociais, atendendo diversos bairros da região.
Releitura	Pernambuco	*Releitura*, em Pernambuco, segundo a última contagem, possui aproximadamente 5.000 leitores cadastrados, com uma média de 8.300 empréstimos por ano.
Sou de Minas	Minas Gerais	*Sou de Minas*, Uai, começou a atuar no final de 2009 quando quatro instituições se uniram para apresentar uma proposta de projeto ao edital do Programa Prazer em Ler do Instituto C&A. Hoje, essa rede se debruça sobre os eixos da comunicação, sustentabilidade e incidência em políticas públicas.

Projeto	Local	Descrição
RBCS	Bahia	*RBCS*, Bahia, compreende a leitura literária como instrumento decisivo para as pessoas desenvolverem de maneira plena seu potencial humano e fortalecerem sua capacidade de expressão; como elemento ampliador das possibilidades de inserção social e formação para cidadania; e, por tanto, como uma das condições necessárias para o desenvolvimento social e econômico, conforme defende o Plano Nacional de Livro e da Leitura (PNLL).
Tecendo uma rede de leitura	Rio de Janeiro	*Tecendo uma rede de leitura*, Duque de Caxias, Rio de Janeiro. Com sete bibliotecas integradas, tem como principais ações: leitura livre, leitura compartilhada, roda de leitura, seminários, saraus, contação de histórias, mediação de leitura, empréstimos de livros, cine literário, gincana literária, sussurro poético e outras.

Paraty, FLIP 2016, plenária de escuta para o Plano Estadual do Livro e Leitura do RJ.

Democratização é ir aonde se precisa ir para, assim, pulverizar a cultura. Mas por que a população não tem tanto acesso a essas informações restritas a um determinado grupo na maioria das vezes? As feiras literárias, além da comercialização de produtos nos provocam experiências em diversos formatos. Acontece de tudo: palestras, minicursos, exposições, contação de histórias, saraus, presença de grandes nomes da literatura contemporânea e importantes livreiros. Certamente você já foi ou ouviu falar da Bienal Internacional do Livro, que carinhosamente chamamos simplesmente de "Bienal", ou da Feira Literária Internacional de Paraty (FLIP), da Feira do Livro em Joinville, da Festa de Poços de Caldas, a Flipoços, só para citar algumas. E dessas nasceram outras, como a Flipapinha, em Paracambi, endereçada às criancinhas, ou a Feira Literária das Comunidades no morro da Babilônia, no Leme, Rio de Janeiro.

Das pequenas às grandes, o mais relevante é adquirir conhecimento autêntico e, melhor, acessível a todos. Tem Feira Literária do Boqueirão, na Paraíba; tem em Pirenópolis, em Goiás; tem

Semana Literária Sesc& Feira do Livro, no Paraná. Quer mais? Festa do Livro da USP, Feira Literária de Niterói e também a de Mucugê (Fligê), em Diamantina, só para listarmos algumas.

Aqui faço um destaque para a Festa Literária das Periferias, a FLUP, que acontece no Rio de Janeiro há nove edições. O trabalho é realizado com crianças e adolescentes ao longo do ano com concursos, desafios, levando escritores renomados, além de outras ações sociais. Dessa forma, as crianças são incentivadas a enxergarem as ruas como um lugar de encontro de várias gerações de famílias. A FLUP merecidamente já ganhou prêmios significativos e respeitados, como o "Faz diferença", o *Awards Excellence*, o "Retrato da Leitura" e o Prêmio "Jabuti", na categoria Fomento à Leitura.

Em Brasília, em 2022, com o tema "O quadradinho, o quadrinho e a leitura... sempre em frente", houve a 36ª edição da Feira do Livro, homenageando o incrível ilustrador e escritor Roger Mello – e, dessa maneira, o conhecimento vai sendo compartilhado.

Naturalmente, todo esse movimento cultural provoca uma melhor qualidade de vida nos locais, gerando, segundo o BNDES, um número maior de empregos nas respectivas regiões. O ato de ler, bibliotecas, livros, literatura são temas fascinantes e apaixonantes. E poderíamos ficar horas conversando, trocando ideias, aprendendo, assimilando cultura. Muita estrada eu tenho. Jorge Luis Borges[7], apesar de sua posição política altamente questionável, tem um pensamento do qual gosto muito: "Sempre imaginei que o paraíso fosse uma espécie de livraria". Também imagino o paraíso com muitos livros ao meu redor. Quero fazer jus a Paulo Freire, nosso mestre maior: "Educação não transforma o mundo. Educação muda as pessoas. Pessoas transformam o mundo." Sei que é um clichê, mas é nisso que acredito, pois luto pelo que sempre foi e continua a ser minha essência de vida.

 Já viajei tanto, mas tanto, que perdi a conta de quantas cidadezinhas, comunidades, lugarejos e grandes cidades conheci.

---

[7] Jorge Luis Borges foi escritor, poeta, crítico literário e considerado uma das maiores expressões literárias da Argentina.

Aprender e compartilhar como funcionam e o que são as bibliotecas públicas e as comunitárias; assistir a jovens folheando páginas; ouvir música regional; assistir a peças ricas de conteúdo; entender o que fazem os mediadores de leitura; assimilar e divulgar os audiolivros; empregar meios digitais extraordinários que contribuem imensamente para a formação de leitores, assim como presenciar cidadãos privados de liberdade como também crianças em praças lendo, é o que há de mais positivo. Existem livros em braille, bilíngues português x libras, enfim, para pessoas com algum tipo de deficiência. Isso, sim, é democrático: formar leitores e, se possível, de forma lúdica. É um mundo mágico, fascinante!

Em 2022 tive a oportunidade de participar, juntamente com a Fundação de Cultura de Casimiro de Abreu, em parceria com o projeto Leitura Viva, do 1º Seminário do Plano municipal do Livro, Leitura e Bibliotecas Públicas e Comunitárias de Casimiro de Abreu, cidade com aproximadamente 45.000 pessoas, no estado do Rio de Janeiro. A finalidade foi discutirmos acerca da relevância de políticas públicas do livro e leitura e elaboração e efetivação de planos municipais e estaduais que possam garantir uma democratização ao acesso de livros para toda a sociedade. A prefeitura, à frente com Ramon Gidalte, em parceria com o projeto Leitura Viva, liderada por Adriana Izidoro, começou a construção do plano municipal do livro e leitura. O resultado foi positivo: eleição de Grupo de Trabalho (GT) e das cadeias representativas do livro – tanto a produtiva, a mediadora quanto a criativa, que veremos mais tarde. A eleição foi disputada e, assim, conseguimos expandir ainda mais nossas ideias. O sociólogo, crítico literário e professor Antônio Cândido sempre defendeu a ideia de que "a literatura é o sonho acordado das civilizações". Ações com tais propósitos me fazem cada vez mais crer que tal democratização é, sim, possível.

Um grupo de amigos de Juína, por exemplo, ligado às áreas de educação, cultura e arte, implementou o "Instituto Saberes", uma associação sem fins lucrativos, com o objetivo de propagar o conhecimento por meio de projetos socioculturais. A cidade respira livros e literatura e construiu seu próprio Plano Municipal do Livro, Literatura e Biblioteca (PMLLB) e diversas leis que o cercam. São casos e mais casos! Todos eles confirmam meu ideal, que insisto e repito: sim, é possível democratizar o acesso ao livro. Nova Iguaçu, exemplo para todo o Brasil, é o melhor exemplo de democratização. Partindo dessas doces lembranças, volto no tempo para a minha primeira viagem pelo livro, uma Bienal, em Volta Redonda, município do estado do Rio de Janeiro e que ocorreu quando eu estava como coordenadora do Sistema Estadual de Bibliotecas, defendendo a pauta de políticas públicas no interior. Nessa primeira viagem não fiz nenhuma palestra. Visitei a Bienal que, à época, havia sido contemplada com a lei de incentivo à cultura via ICMS. A experiência foi tão rica que voltei a essa cidade diversas vezes, ou para cooperar nas mesas-redondas ou para debater políticas públicas sobre livro e leitura ou ainda para encontros regionais com todos do Médio Paraíba e até para participar de uma plenária de escuta para o Plano Estadual de Livro e Leitura para o estado do Rio de Janeiro.

Uma outra experiência, também recompensadora e coincidentemente em Volta Redonda, aconteceu recentemente em novembro de 2021, durante a Bienal do Livro. "Periferia Conectada" foi o tema dessa feira, em formato digital, em razão da pandemia, realizada pelo Instituto Dagaz. Bom ressaltar que esse instituto possui vários parceiros, inclusive com o Degase local, levando os garotos que se encontram em semiliberdade, a comparecerem ao encontro como uma das medidas socioeducativas. Artistas locais também participaram, o que gerou uma peculiaridade a esse encontro. Uma troca de experiências, vivências extraordinárias. Vale realçar a atividade de Marinez e Márcia Fernandes, sócias e irmãs. Com um trabalho diferenciado, elas são as organizadoras da Bienal e merecem, pois, todo o nosso apoio e respeito.

Volta Redonda tornou-se, portanto, uma referência do Médio Paraíba, atuando com discussões a respeito de políticas públicas sobre leitura para o interior, com municípios circunvizinhos e mesas de debates sobre políticas públicas.

Lembro-me de um outro trecho de Valter Hugo Mãe: "Leio livros para aprender. Estou sempre apressada. Sou muito mexida. Um dia quero uma coisa, no outro quero tudo. Sofro de um problema de sossego. Não sei o que é estar sossegada. Mais tarde, corrijo". Ler tem a ver com Educação? Com total certeza! Um dos desafios, no momento, passa pela transversalidade entre a Cultura e a Educação, com um olhar para que professores e profissionais das salas de leitura trabalhem com o propósito de alunos e comunidade escolares possuírem direito ao acesso e, com isso, garantir uma formação crítica do indivíduo. Professores de todas as disciplinas devem entender a dimensão em que o livro atinge as metas de compreensão nas diversas áreas de conhecimento. Segundo Paulo Freire, educador, filósofo brasileiro e um dos nomes mais respeitados no mundo por ter defendido a pedagogia crítica, "o professor que leva a leitura, precisa ser, antes de tudo um leitor". O Instituto de Estudos Socioeconômicos indicou, em 2021, o valor gasto com a Educação – um recuo pelo 5º ano consecutivo. São dados estatísticos graves.

Entretanto o Plano Nacional do Livro e Leitura (PNLL) foi criado exatamente para ajudar a reverter essa situação. O PNLL, como explicado anteriomente, assegura a democratização do acesso ao livro, o fomento e a valorização da leitura e o fortalecimento da cadeia produtiva do livro como fator relevante para o incremento da produção intelectual e o desenvolvimento da economia nacional. Como ponto nodal, o PNLL busca formar uma sociedade leitora como condição essencial e decisiva para promover a inclusão social de milhões de brasileiros no que diz respeito a bens, serviços e cultura, garantindo-lhes uma vida digna e a estruturação de um país economicamente viável. O PNLL foi e será sempre uma iniciativa conjunta entre os poderes públicos, como secretarias de educação e de cultura e a sociedade civil – desde leitores, escritores, editores, livreiros, passando por professores, bibliotecários, mediadores de leitura, contadores de histórias e entidades do livro. Cada parte dessa grande cadeia do livro é fundamental para que ninguém fique de fora. Então aprendi na prática sobre o "nada sobre nós sem nós", ou seja, falarmos sobre o que nos compete e que faz toda a diferença para tecer esse grande tecido que envolve cada pedacinho de nós.

Costumo dizer que o primeiro passo para que as políticas locais sejam implementadas inicia-se a partir do famoso: "Vamos conversar sobre isso?". A sociedade civil precisa abraçar a causa para que o documento seja amplamente implementado. As bibliotecas das cidades costumam ser as melhores anfitriãs para que os primeiros encontros aconteçam. Uma dica é começar as reuniões com a sociedade civil com a mais básica pergunta: "Para você, é importante existir uma lei que trate de livros, leitura, literatura e bibliotecas aqui na cidade"? Assim, um passo começa a ser dado em direção a uma política que, de fato, terá absorvido os anseios da sociedade.

Bibliotecas públicas e comunitárias podem se unir em torno da causa e, assim, a escuta chegar a todos os cantos de um determinado município. As viagens valem e muito para esse fim. Trabalhando com livros e leituras durante a pandemia que acometeu o planeta, percebi algumas importâncias. Primeiramente – e é incrível falar sobre isso - é termos nos certificado o quanto os livros são fundamentais. As bibliotecas do Rio de Janeiro, por exemplo, precisaram se reinventar completamente, levando as ações de fomento para as redes sociais.

Em segundo lugar, acredito que a pandemia trouxe, dentre várias outras consequências, uma luta enorme em relação à falta de conhecimento que ronda a nossa sociedade. Como disse o cartunista argentino Quino, falecido recentemente, "viver sem ler é perigoso, te obriga a crer no que te dizem." Por fim, e o mais importante: precisamos, mais do que nunca, entender e difundir o livro como direito humano, como ensinou o mestre Antônio Cândido. Em seu texto "Direitos Humanos e Literatura", ele defende que a literatura é, ou ao menos deveria ser, um direito básico do ser humano, pois "a ficção/ fabulação atua no caráter e na formação dos sujeitos". Sempre digo que a profissão me escolheu como militante da leitura desde sempre. Com a experiência de trabalho com livros, a partir do mercado editorial e seguindo para o poder público, pude seguir uma trajetória nas políticas públicas do livro e leitura a partir do olhar da importância da pauta na vida das pessoas.

Em *A hora da estrela*, de Clarice Lispector, uma das maiores escritoras que o Brasil já teve, há um trecho que me comove: "Havia coisas que não sabia o que significavam. Uma era 'efeméride'. E não é que seu Raimundo só mandava copiar com sua letra linda a palavra efemérides ou efeméricas? Achava o termo efemérides absolutamente misterioso. Quando a copiava prestava atenção a cada letra....". Essa fala é da personagem central, Macabéa, "19 anos, alagoana, (...) Sua ignorância é tamanha que não reconhece nem sua própria infelicidade." Cada um tem a sua luta. A minha, sem dúvida, é a de que haja cada vez menos macabéas nesse país. E daí tantas viagens, tantos deslocamentos por esse Brasil.

Desde sempre envolvida com os livros, tive a grata oportunidade de tomar conhecimento de ações individuais e coletivas significativas, criativas e com saldo positivo.

São muitos os casos: de um simples gesto de cidadãos ao deixarem livros – aparentemente por acaso – em ônibus, barcas, metrôs, trens, entre outros, com um bilhetinho simpático para o leitor agraciado e pedindo-lhe que, após a leitura, faça o presente recebido voar para outras mãos até o caso de Maria Chocolate, que começou uma biblioteca comunitária em sua própria casa em Duque de Caxias, Baixada Fluminense.

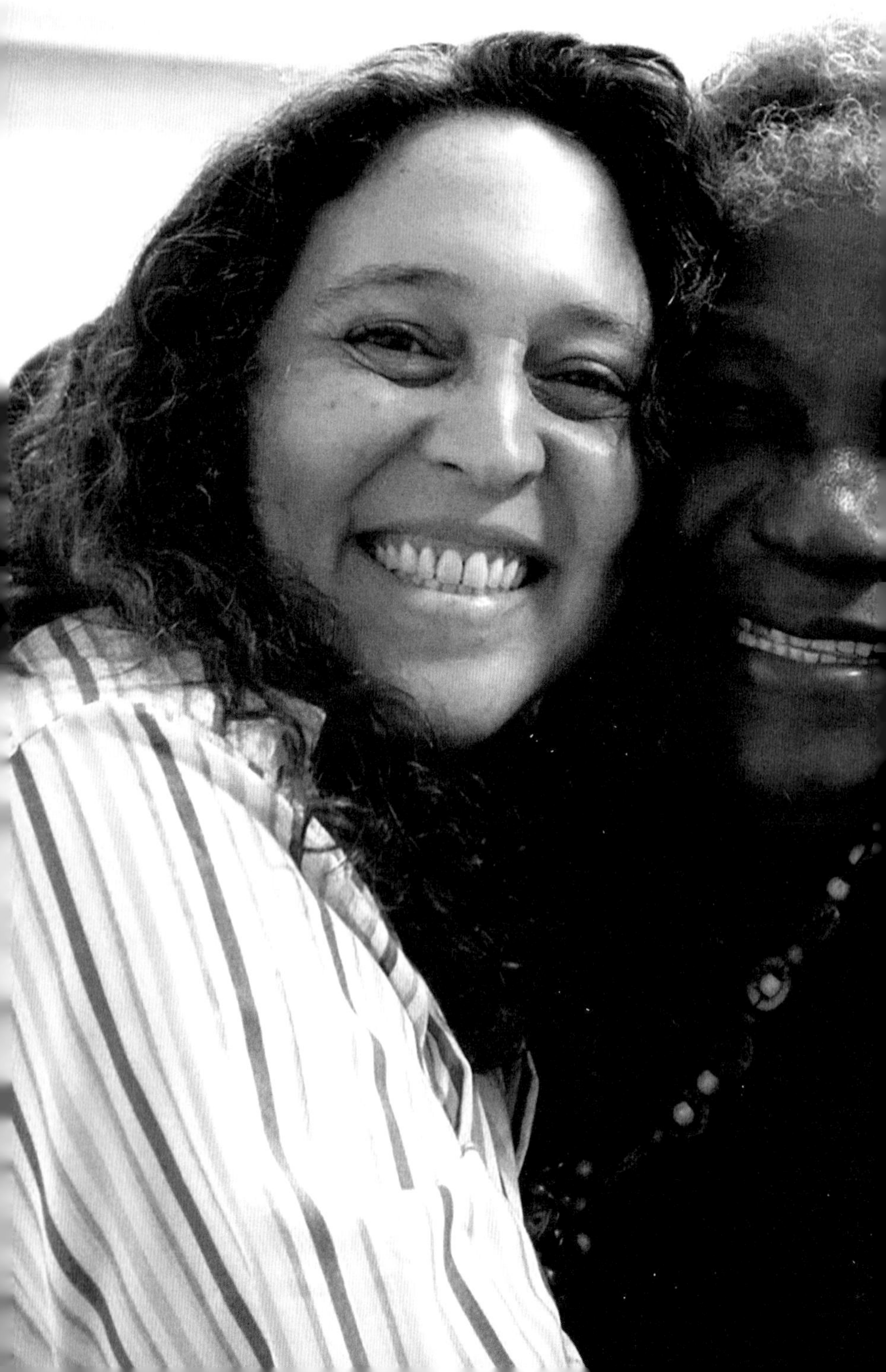

Com Maria Chocolate, da Biblioteca Comunitária MANNS, do Coletivo Tecendo uma Rede de Leitura de Duque de Caxias, no Conecta Biblioteca, em 2018.

Outros cidadãos fazem a diferença como a Tamires Frasson, com sua garagem transformada em biblioteca, na periferia de Jaú, em São Paulo ou a Raíssa de Oliveira, conhecida como Lua, na Ladeira dos Tabajaras, com apenas 15 anos realizando seu sonho de todos acessarem livros e criando "O Mundo da Lua". Temos ainda a Kelly Louzada, coordenadora da Associação Mulheres e Meninas do Morro da Mangueira via o "Ateliê das Palavras", ambas comunidades do Rio de Janeiro.

Há ainda gestos triviais, como doações particulares de livros didáticos e não didáticos para escolas ou sebos e ações públicas de destaque, como durante a gestão de Fernando Haddad, entre 2013 e 2016, na prefeitura de São Paulo, ao distribuir livros em geladeiras antigas em várias estações no metrô. Diante do triste quadro em que aproximadamente 87% das bibliotecas localizam-se em áreas periféricas, excluídas, em regiões paupérrimas e de bastante violência e serviços públicos pífios, soam fundamentais gestos, dos simples aos mais sofisticados, cujo intuito seja combater a exclusão informacional.

Em um período de minha vida sentia falta da troca de pensamentos, de ideias sobre textos lidos. A prática leitora, às vezes, necessita de um outro para lhe ajudar a pensar. E essa troca é deliciosa. Solucionei meu problema fazendo um blog – o "Palavralida". Lia o que queria, ou títulos sugeridos por alguém ou alguma obra que me cativasse nas livrarias, bibliotecas ou sebos. Após minha crítica, compartilhava-a e adorava receber o retorno das opiniões. Recebi *e-mails* carinhosos, opiniões claras e bem elaboradas. Foi um período gostoso e rico de ideias. De tantos compartilhamentos e *likes*, comecei a ganhar livros de editoras e de escritores.

Com o Palavralida e o PNLL, viajei bastante pelo interior como consultora. Relato aqui duas experiências fortes e positivas em minha vida: uma, no Serviço Social da Indústria (SesiRJ), com um concurso literário para os trabalhadores da indústria. Qualquer um, independentemente de sua área, poderia participar, menos os integrantes do próprio Sesi. Foi lindo descobrir novos talentos. E a outra foi no Tocantins, também pela mesma instituição, para mediadores de leitura dos trabalhos das indústrias de conhecimento, isso é, bibliotecas modernas com equipamentos de tecnologia de ponta; inclusive, acabamos encontrando um município com apenas 1.500 habitantes e que revolucionou o local. Outra experiência rica.

Os representantes de todos os municípios acabaram indo para Palmas. E, nesse momento, percebi também a urgência de se promover uma formação de leitores.

Fui, como curadora de um concurso literário e da Primavera Literária em 2019, evento promovido pela Liga Brasileira de Editoras (Libre), que participa da Aliança Internacional de Editoras Independentes, no Rio de Janeiro e em Belém do Pará. A Libre é uma rede de editoras independentes, que trabalham cooperativamente, pelo fortalecimento de seus negócios, do mercado editorial e da bibliodiversidade. É uma associação de interesse público, sem fins lucrativos, filiação político-partidária, livre e independente de órgãos públicos e governamentais, constituída em 1 de agosto de 2002, de duração indeterminada, entidade máxima de representação das editoras independentes de todo o Brasil.

Iniciativas tão boas quanto essas fazem a gente acreditar que, de fato, há um caminho para a democratização do acesso ao livro. E quem ganha com isso é a própria população.

Monteiro Lobato, o controverso escritor e editor de livros, nos deixou como legado um pensamento, dentre vários outros, que se insere perfeitamente nessa nossa conversa: "um país se faz com homens e livros". Perfeito, mas vamos a alguns dados que dificultam, e muito, a ação do ler: em 2000, o brasileiro lia 1,8 livro por ano e passou a 4,7 em 2007, segundo o *Observatório da imprensa*. De acordo com o último recenseamento, o brasileiro lê cinco livros por ano, sendo 2,4 apenas em parte e 2,5 inteiros. O mais lido é a *Bíblia* e a maioria de conteúdos com pouca profundidade. Entre 6 de dezembro de 2021 e 2 de janeiro de 2022 houve um crescimento: 5,4 milhões de livros lidos, quase 5% a mais do que o mesmo período. De acordo com a fonte JCConcursos, dentre as principais motivações para a leitura das pessoas que foram ouvidas na pesquisa estão: gosto pela leitura (25%), atualização cultural (19%), distração (15%), motivos religiosos (11%), crescimento pessoal (10%), exigência escolar (7%) e atualização profissional ou exigência do trabalho (7%).

Um dos grandes problemas do Brasil (e os números citados comprovam essa nefasta realidade) é o que chamamos de analfabetismo funcional. Dados do IBGE, no último censo realizado, dizem que o país possui 6,6 de cidadãos que não sabem ler nem redigir um bilhete. De acordo com o *site* RadioagênciaNacional, o censo deveria ter sido aplicado em 2020, entretanto, em virtude da pandemia, foi adiado para 2021. Entretanto, o governo Bolsonaro impediu a realização por cortes no orçamento.

O analfabetismo funcional ocorre, consideravelmente, após a alfabetização e uma das razões para essa situação alarmante no Brasil é a falta de material, ou seja, de livros para essas crianças, jovens, adultos e para que possam desenvolver-se. Daí a relevância de bibliotecas comunitárias em locais mais atingidos pela vulnerabilidade social.

Experiências únicas eu vivi até agora e, certamente, outras virão. Viajar pelo livro é fascinante, pois lições são assimiladas. Também internalizamos novos valores e vemos o mundo como é de fato, com suas diferenças, grandezas, injustiças, lindezas, trabalhos sociais extraordinários e principalmente aqueles que envolvem uma comunidade inteira.

Uma dessas foi minha ida à Colômbia, por volta de 2018. Trabalhava como consultora para a ONG Recode, que vem a ser um comitê para democratização da informática que estabelece parceria de sistema com bibliotecas públicas, apoiado pelo Instituto Bill & Melinda Gates e fui convidada por essa ONG, juntamente com representantes de outras instituições, para conhecer os Parques Bibliotecas, que objetivam "promover práticas educativas, culturais e sociais de seus bairros circundantes". O governo federal daquele país, após a crise de narcotráfico mundialmente conhecida, criou um conceito de biblioteca, tanto em Medellín quanto em Bogotá, como um espaço de convivência e elemento pacificador. Hoje já são nove espalhadas pelo país.

Uma favela visitada foi em Medellín e que, imediatamente, já me surpreendeu pelo tamanho assim que cheguei, inclusive com o transporte: para acessá-la, simplesmente um teleférico. O lugar é imenso, muito bem cuidado, limpo, onde convive uma diversidade de pessoas de todas as idades! Outro local e que me emocionou muito foi conhecer a biblioteca comunitária "Nido Del Gufo", dirigida pela especial amiga Catalina Jurado. A história dela, por si só, já emociona. Essa mulher cresceu nesse lugar. Aprendeu a ler, a escrever, formou-se, cursou 3º grau e voltou como gestora. Caso raro de reconhecimento pelo que a comunidade fez por ela.

Outra experiência interessantíssima foi a de uma visita a uma prisão em Bogotá. O Cerlalc, *Centro Regional para el Fomento Del Libro*, e com que eu também estabeleci parceria, é uma organização intergovernamental, ligada à Unesco, que trabalha com editais para bibliotecas, fomentos e se encontra representada em 21 países, além do Caribe. Nessa prisão, especificamente, há um trabalho em que livros são elaborados, mas também teatro, oficinas criativas de escrita e poesia e contação de histórias. Claro que eu e minhas companheiras de viagem queríamos visitar esse local tão rico. E lá fomos para uma tarde conversando com os presos, ouvindo seus relatos e pareceres sobre esse trabalho tão diferenciado.

Essa minha viagem a Colômbia, bem como o êxito na construção do Plano Municipal de Nova Iguaçu, que já mencionei anteriormente, me faz pensar em como as perfiferias estão à frente na construção de uma rede de leitores. Observo como que a falta de assistência social e de investimento em educação possibilitam que as comunidades periféricas, através de alguns líderes sociais, precisem reivindicar mais por políticas públicas. No entanto, de certo modo, e claro, apesar de algumas dificuldades diárias, é também a periferia que sai à frente no que diz respeito a projetos sociais. Ou seja, apesar de o livro ser sempre um objeto associado às elites, percebemos que é a periferia - por meio de alguns atores sociais - que entende a força revolucionária do livro. É, portanto, a periferia que se vale da potência que o livro tem para transformar a sua comunidade em um lugar melhor. É, insisto, na falta, que as comunidades conseguem se articular para lutar por seu direito à leitura.

BIBLIODIVERSIDADE É UM DIREITO DE TODOS

Na minha trajetória estive em quase todos os elos da cadeia do livro. Sou e serei sempre leitora e acredito, que ao longo dos anos, venho trabalhando politicamente bem próxima da cadeia mediadora. Já fui livreira, como já contei. E, ainda que não tenha ainda trabalhado editando livros, já trabalhei em editora e, agora, é minha estreia como escritora.

Como acredito no poder revolucionário da leitura, não posso deixar neste livro de falar dos profissionais que fazem com que este objeto tão transformador exista no mundo. Escritores, ilustradores, editores, livreiros, distribuidores são atores indispensáveis para que o livro tome a forma que chega às mãos dos leitores (sem mencionar diagramadores, fabricantes de papel, tradutores, revisores e tantos outros trabalhadores desta indústria criativa). O mundo mítico, como denominado por alguns, é tudo o que envolve a feitura de um livro. Três etapas são fundamentais, entretanto gostaria de fazer uma pergunta só para a gente pensar: redigir é dom ou técnica? Alguns defendem veementemente ser questão de capacidade. Se nasce ou não com tal habilidade, como alguns com tendências musicais, por exemplo, e outros não. Dependendo do incentivo ao redor e das chances da vida, alguns conseguem exprimir suas emoções escrevendo. Os ótimos são raros, daí tanto merecimento e aplausos. Outro grupo entende o redigir de um livro como tarefa meramente técnica. Alguns autores americanos de *best-sellers* já relataram, inclusive, suas "fórmulas" de criação, baseadas nas histórias infantis em que o bem sempre vence o mal. Mas, se por um lado existem autores magistrais nesse mundo, há também os vendedores de sonhos, os medíocres, os pobres de espírito, os manipuladores, só para citar alguns tipos. O importante é saber selecionar, pois ler é um dos grandes prazeres da vida. E para concluir: fico surpresa quando uma pessoa me diz que não gosta de ler ou que nunca leu um livro inteiro. E minha sugestão é: "você já foi a uma biblioteca e percorreu aquelas estantes? A uma livraria e passou por todos os estilos de literatura? A uma feira? Já ouviu algum autor bacana contar sua história. Pois se permita! Pegue um exemplar, cheire. Deixe as folhas passarem lentamente, folheie, leia a quarta capa ou uma orelha. Aliás, uma bela dica: leia a primeira página. Toda. Caso sinta vontade de continuar, é esse!

Todas as etapas pertencem a uma grande e linda engrenagem! Cada uma desempenha seu papel e, se uma falhar, a cadeia é interrompida. Há uma cisma (e curiosidade) entre os editores bastante interessante. Se a tradução, por exemplo, vem "suja", com muitas alterações, rabiscos, emendas, pode acreditar: o livro vai dar trabalho. E dá. Esse mundo das palavras é surpreendente e admirável.

Encontro Coalizão – Plano de Sustentabilidade em Bibliotecas

Dias 18 e 19 de abril de 2018

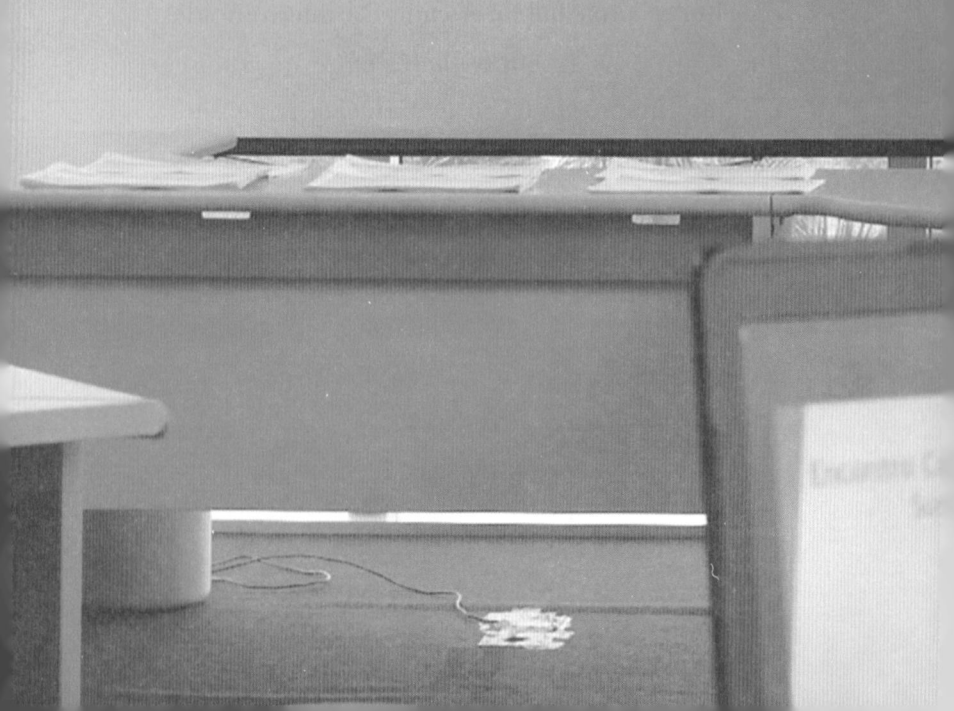

Brasília, coordenação do Plano de Sustentabilidade em Bibliotecas, com o grupo de Coalizão formado por todas as cadeias do livro

Cadeia criativa do livro

Primeira parte do grande círculo que envolve o livro, a cadeia criativa é composta por todos os artistas que produzem a arte literária, como escritores, ilustradores, poetas, cordelistas e tantos outros atores da cultura e da educação.

A exemplo da educação há os profissionais escritores de obras didáticas e paradidáticas, bem como ilustradores que confeccionam livros ilustrados para as escolas.

Já pela cultura, pode-se também pensar nos roteiristas que criam obras tanto para os palcos quanto para o audiovisual.

Cadeia produtiva do livro

O que um setor empresarial tem a ver com essas tais políticas públicas do livro, leitura, literatura e bibliotecas? Tudo. Essa pergunta é importante para que o mercado editorial perceba que está inserido em um grande bloco que inicia com a cadeia criativa do livro, com seus escritores, ilustradores e poetas, passa pela produção editorial e o mercado, e findam na cadeia mediadora do livro, ou seja, nas escolas, bibliotecas e espaços de leitura. Se não há fomento à leitura o mercado não aquece. Se não há bibliotecas, o acesso não é democratizado e, por fim, o território terá menos leitores.

Portanto, a cadeia produtiva do livro possibilita tanto a existência de escritores quanto a de leitores. Por isso ela é fundamental para uma política pública voltada para uma cidade, um estado ou um país de leitores.

Cadeia mediadora do livro

E, concluindo o ciclo do livro, há a cadeia mediadora, que contempla professores, bibliotecários, mediadores de leitura, influenciadores digitais, como os *booktubers*, bem como os próprios leitores.

Essa cadeia trabalha com a grande ponte mágica entre o livro e o leitor, ou o futuro leitor.

É por isso que no Plano Nacional do Livro e Leitura, a formação em mediação de leitura é um dos eixos principais que norteiam o documento, dada a importância dessas pessoas que fomentam e incentivam a leitura.

Como defensora do livro e da leitura, e atenta à equidade para todos os tamanhos de editora, preciso, aqui, falar de um conceito que me é muito caro: o de bibliodiversidade. Esse termo, criado pelos editores sul-americanos e que hoje circula por boa parte do mundo, diz respeito sobre estar a postos para atuar em defesa do direito ao pensamento e à reflexão sobre os mais variados aspectos. Assim como ao pensarmos em biodiversidade, não pensamos apenas em indivíduos, mas em equilíbrio entre eles, o mesmo vale para a bibliodiversidade. É por isso que defendê-la ajuda a construir ações em prol do livro e da leitura noutras palavras, na construção de uma nação de leitores. Isso porque, embora diga respeito, essencialmente, à diversidade de projetos editoriais, a bibliodiversidade está relacionada também com a defesa das diversidades culturais, étnicas, raciais e de gênero.

Livros como o comovente *O menino Nito*, de Sônia Rosa, com ilustração de Vitor Tavares, da editora Pallas (vanguarda da cultura afro-brasileira) e *Onde está você, Iemanjá?* (Record), de Leny

Werneck com ilustrações de Phillippe Daivaine, por exemplo, apresentam questões que dizem respeito, cultural e emocionalmente, às nossas crianças. Essas obras, em vez dos mesmos dilemas de princesas em castelos, abordam, cada uma a seu modo, através de um investimento literário sólido, a fantasia e o afeto familiar. E, sem sombra de dúvida, é muita mais fácil para as nossas crianças adquirir hábito de leitura ao se identificar com os personagens.

Felizmente, a ideia de bibliodiversidade tem sido incorporada, com diferentes graus de profundidade, pelos atores do mercado do livro (autores, editores, livrarias, entidades do setor), mas, em muitos momentos, cada um a entende como quer. É por isso que discutir as principais ideias por trás da bibliodiversidade, acolher e pesar os questionamentos, construir o conceito de modo a torná--lo cada vez mais produtivo para pensar a o livro e a leitura é importante para o amadurecimento de nosso mercado.

Acabo de apresentar os atores da cadeia do livro e, no que tange ao processo editorial, é importante que cada um destes entenda e reconheça seu importante papel no debate. O trabalho de um editor é o de fazer circular ideias, abrir diálogos, formar, consolidar e questionar opiniões. Esse papel é tão mais bem realizado quanto maior for a liberdade de atuação.

A Bienal de São Paulo, depois de quatro anos, e com o tema "Todo mundo sai melhor do que entrou" abraçou a diversidade. Raras foram as editoras que não tinham um espaço dedicado a esse tema.

Abrir diálogos é fundamental e daí me sentir agredida quando tomo conhecimento de casos de censura a qualquer tipo de livro, ainda no século 21.

A escola Firjan/Sesi de Volta Redonda é um desses casos, quando proibiu o livro *OMO-BA – histórias de princesas*, de Kiusan de Oliveira, com ilustrações de Josias Marinho (Mazza edições). Alguns pais, com argumentações totalmente infundadas e absolutamente inconsistentes, pressionaram a escola para retirar o livro, pois tratava-se de histórias de princesas africanas. Interessante observar que existe a Lei nº 10.639/03, que defende o ensino da história da África nas escolas, ou seja, "(...) toda escola no Brasil deveria ensinar História da África e dos Africanos, a luta dos negros no Brasil, a cultura negra brasileira e o negro na formação da sociedade nacional, resgatando a contribuição do povo negro nas áreas social, econômica e política pertinentes à História do Brasil". Posteriormente essa instituição de ensino admitiu o erro e readmitiu a obra. Me parece um retrocesso ainda haver intolerância religiosa, racial, de gênero e outras mais.

Pior ainda (sim, é possível piorar) é saber que um professor, Osvaldo Neto, foi sumariamente demitido de um colégio em Goiânia, por usar uma tirinha do cartunista André Dahmer, sobre polícia em prova.

Se tudo isso não é censura, então não entendo mais nada.

Ou seja, um país que precisa de mais pluralidade, de mais leitura, de mais consumo, de uma economia mais dinâmica e mais debates sem amarras, precisa de bibliodiversidade.

Considerando que o quarto eixo do PNLL é o desenvolvimento da economia do livro, entendo que uma política a favor de mais bibliodiversidade é indispensável. Isso porque é a bibliodiversidade que permite um mercado mais plural, no que diz aos temas, refletindo, pois, na diversidade de casas editoriais. Quando falo da diversidade de editoras, defendo, para a sustentabilidade do mercado, a valorização de todos os gêneros de obras em livrarias: romance, ensaio, conto, quadrinho, auto-ajuda, religioso, acadêmicos. Como a bibliodiversidade é um direito de todo leitor, é preciso que as livrarias assegurem este direito expondo uma grande variedade de títulos, assim como os marketplaces e os eventos literários de todos os portes. É fundamental também que o Estado determine incentivos fiscais e isenções para que as editoras a as livrarias consigam se manter, independente do tamanho. Somente assim a indústria do livro seja diversa e saudável. No mar, não é possível que existam apenas tubarões, assim como em uma floresta só de eucaliptos não há equilibrio da natureza. Assim sendo, e pensando no mundo dos livros, não podemos permitir que o leitor acesse apenas bestsellers. E, ao olharmos para as listas de mais vendidos hoje, ainda que a mudança não seja ainda substancial, já vemos um ou outro fenômeno que reflete esse desejo do leitor por mais bibliodiversidade.Os livros são, tradicionalmente, trabalhados na Educação como uma forma pedagógica de adquirir vocabulário e aprendizado profundo em função da interpretação de texto, competência necessária para toda e qualquer disciplina escolar. Porém, eles também são atravessados pela arte e pela cultura, para que a cidadania plena aconteça em um território, uma cidade, um país. As bibliotecas de acesso público, sejam elas públicas ou comunitárias, promovem o acesso ao livro tanto para sua democratização aos que não têm, como também para provocar os sentidos que a arte nos gera, seja empatia, senso crítico ou consciência social. É por essa razão que entendo que a bibliodiversidade é fundamental na formação cidadã, porque apenas assim conseguimos promover o acesso de maneira plural, tanto na diversidade de títulos quanto na apresentação de múltiplos autores e linhas editoriais.

A IDEIA DO SONHO

> *A vocês, eu deixo o sono.*
> *O sonho, não!*
> *Este eu mesmo carrego!*
>
> Paulo Leminski

Outro dia fui dormir com uma ideia na cabeça. Ela foi se tornando tão forte, mas tão forte, que acabei até sonhando com o assunto. Minha ideia era: o que eu poderia fazer para que houvesse muitas Casimiros de Abreu espalhados pelo país?

Explico: Casimiro de Abreu, cidade pertinho de Rio das Ostras, no estado do Rio de Janeiro, conseguiu um fato extraordinário. Por uma iniciativa do prefeito, houve um apoio total para ações conjuntas para o acesso a livros e à leitura, todavia um detalhe fez toda a diferença. O grande desafio de uma ação como essa é sempre o orçamento. Pois então! Nessa cidade, o orçamento foi aprovado antes de colocar o plano em prática.

Para entender, como funciona os caminhos de um plano municipal:

Trajetória de um plano

Plano

Construção coletiva envolvendo a sociedade civil e o poder público, com o objetivo de traçar uma governança que estabeleça metas, estratégias e ações para o setor do livro, leitura e bibliotecas. Esse instrumento regulariza e organiza a pauta e trabalha com a incidência em políticas públicas de um território.

Lei

Instrumento que estabelece as regras para que um plano seja executado com garantias. O plano é enviado ao legislativo para a construção de um projeto de lei com as premissas e orientações para que o poder público as siga. É também a ferramenta de cobrança da sociedade civil para que se cumpra as regras.

Orçamento

O ideal para que tenhamos as garantias desses direitos é que as leis que instituem essa política destinem um percentual orçamentário. Um plano sem recursos pode acabar se tornando uma 'carta de boas intenções'. Cidades e estados que estabelecem dotação orçamentária e uma lei possibilita que as políticas sejam realizadas.

E de sonho em sonho, às vezes sonhamos até acordados. É muito compensador olharmos um pouquinho para trás e constatarmos alguns porquês em nossas vidas. Tudo que fiz foi em prol do livro ou girou em torno deste objeto tão revolucionário. Quando trabalhei como livreira na Travessa, uma das melhores livrarias do Rio de Janeiro, cheguei a ler um livro a cada três dias. À época podíamos pegar exemplares emprestados e, como eu ia de metrô ou de ônibus, aproveitava esse tempo ocioso para ler e ler e ler cada vez mais. Já em 2016, eu, como coordenadora do Sistema Estadual de Bibliotecas do Rio de Janeiro (SEB), participava da elaboração de uma lei que garantisse metas, objetivos, orçamento e leitura no estado. Esse sonho se tornou realidade mais tarde, com a nossa Lei Castilho, como também tive o prazer de estar presente em uma ação totalmente diferente das demais como o da dotação orçamentária anterior ao plano em Casimiro. Sinal de que estou certa, de que minha luta vale a pena. Sim, repito, é possível democratizar o acesso ao livro e à leitura.

Cabe aqui ressaltar um sonho revelador que tive recentemente. Estava eu dentro do Circo Voador (espaço cultural situado no bairro boêmio da Lapa, no Rio de Janeiro) e como o formato lá é redondo, à minha volta havia várias bancadas. Eu passava por todas e algumas chegavam a me assustar. Pessoas me chamavam, me convidavam, gritavam meu nome, faziam movimentos para eu adentrar em suas bancadas.

A da bala, repleta de fotos de cadáveres, covas rasas, paredes perfuradas, serras elétricas, me deu tanto medo, mas tanto medo que nem permiti que qualquer pessoa de lá se aproximasse de mim. Virei para a esquerda e vi uma bancada toda colorida, que me seduziu na hora. Era a da diversidade. Uma moça muito simpática, com uns olhos muito vivos me chamou e eu quase a acompanhei, mas sabia que, se a acompanhasse, não poderia voltar e optei por seguir adiante. Passei pela ambientalista, linda, cheia de árvores e bichos fantásticos, e quase entrei, mas algo no meu coração me dizia para seguir adiante. Nessa, até o cheiro era diferente! Segui adiante e vi duas muito feias: em uma, as pessoas gritavam histericamente, chamando pelos deuses do Olimpo e na outra só havia bois, vacas e bezerros. Como não gosto de histeria nem de gado desse tipo, saí correndo. Havia outras bancadas ainda, porém, de repente, vi uma bancada com tantos livros, mas tantos livros que sorri e imediatamente corri para lá animadamente, porque ali era meu lugar. Entre os livros havia uma placa grande com os seguintes dizeres: **Partido Cidadania. Bancada do livro!**. Algumas carinhas conhecidas sorriam para mim e tinham seus braços abertos: Roberto Freire, reconheci imediatamente, até porque, quando assumi o cargo de secretária executiva, quem era o ministro da Cultura era ele! Como esquecer? Ao seu lado Eliziane Gama e Carmen Zanotto. Ali fiquei e acordei felicíssima! O sonho tornou-se realidade e lá estou até hoje.

A Bancada do Livro (de acordo com o *site* dos vereadores ao cargo de vereador pelo Rio de Janeiro) é uma iniciativa que nasceu diante do risco da censura no país –quando o prefeito da cidade do Rio de Janeiro (Marcelo Crivella), em plena Bienal do Livro 2019, tentou censurar uma história em quadrinhos por conta de seu conteúdo. Além disso, o cenário de pouca visibilidade e protagonismo que a literatura e os projetos de incentivo à leitura alcançam na cidade do Rio de Janeiro fortaleceram o conceito do coletivo. Independente e voluntária, a Bancada do Livro tem como objetivo eleger um grupo de ativistas da cultura e da educação para o poder legislativo da cidade maravilhosa. O foco do grupo é dar protagonismo a projetos educativos e culturais, tendo sempre o Plano Nacional do Livro e Leitura como bússola.

Há uma palavra impactante para essa bancada – "transformadora". Nascida de uma candidatura coletiva, pertenço, de alguma forma desde 2020, a esse grupo. E o conceito de se trabalhar educação e cultura para todos agrega muito ao Partido, que abraçou essa causa de forma generosa. O partido Cidadania, inclusive, pretende criar diretórios das bancadas dos livros em todos os estados. E há exemplos concretos que apontam para o sucesso desse projeto educativo: Rodolfo Branco, que mora em São José do Vale do Rio Preto, por exemplo, possui uma biblioteca comunitária em plena zona rural. Ele é um dos apaixonados pela Bancada, assim como eu. E o grande desejo dele é levar a Bancada de Livros para lá. E, assim, espalham-se essa ideia maravilhosa e ações políticas – raras –, mas que tornam muitos sonhos uma realidade.

2020 foi o ano em que inúmeras pessoas de diferentes áreas se uniram para formar a Bancada de Livros pelo Cidadania. A proposta era: nove pessoas, como uma ação coletiva e somente um CPF, em campanha para o cargo de vereador no Rio de Janeiro. Um dia, em plena pandemia, me convidaram para cooperar em um webnário. Havia muita gente, muita gente mesmo, e eu desenvolvi o que sei sobre políticas públicas de livro e leitura. Depois dessa conversa e da troca, participei de outros encontros virtuais com essa turma e fui ficando cada vez mais encantada. Concomitantemente, uma sensação estranha começou a tomar conta de mim. Percebi que precisava, com urgência, ficar perto de algum grupo político onde me sentiria à vontade para comungar meus ideais.

Nunca sentira essa necessidade, até porque, na minha caminhada pelo livro, lidei com todos os partidos, logo me mantinha apartidária. Recebi alguns convites, que, aliás, me deixaram lisonjeada, pois isso representava o reconhecimento pelo meu trabalho de uma vida toda. E sempre respondia: "Meu partido é o livro. Muito obrigada, mas preciso continuar nessa minha caminhada." Entretanto e ainda bem, nada é fixo nessa vida. 2021 havia chegado como a hora da mudança e nada mais coerente do que eu procurar a Bancada do

Livro. Se eu milito nessa área e eles também, a união seria perfeita!

Gledson Vinicius, um dos organizadores da Bancada do Livro, e atual presidente da Fundação Planetário do Rio de Janeiro, me convidou e lá fui eu. O trabalho desse grupo é tão sério, que – mesmo nenhum sendo eleito – eles continuaram com a pauta. Semanalmente há trocas e conversas. Gledson me apresentou ao Comte Bittencourt, presidente do Partido no Rio de Janeiro. Vale ressaltar que Bittencourt é professor e de família ligada à Educação. Assim contei minha vida e todos os envolvimentos e ações pelo livro e, em seguida, entrei para o Cidadania, como uma das articuladoras do livro. Pensamos o que seria melhor: eu me tornar candidata pelo coletivo ou sozinha. Optamos por uma candidatura-solo à deputada federal. Tenho uma vida dedicada ao desenvolvimento de políticas públicas de democratização do acesso ao livro, à leitura e à escrita para a formação de leitores, aprimorando, seja na iniciativa pública ou privada, as bibliotecas comunitárias, que oferecem o primeiro contato com o universo literário a milhões de crianças brasileiras. Acredito que um país de leitores nos levará a um nível de empatia e consciência crítica fundamentais em nossa sociedade

Cada dia absorvo mais os versos do genial Fernando Pessoa: "Não sei se é sonho, se realidade/Se uma mistura de sonho e vida", porque a sensação de poder empenhar-me ainda mais pela democratização ao acesso ao livro e à leitura, via minha candidatura, é mais que sonho, mais que realidade, é sublime, pois é vida. E intensa.

PARA TERMINAR

> *Você pode até me empurrar de um penhasco que eu vou dizer:*
> *- E daí? EU ADORO VOAR.*
>
> Clarice Lispector

No momento com 49 anos, sinto orgulho do meu trabalho. Consegui sensibilizar pessoas, agregá-las, conhecer outras extraordinárias que jamais fariam parte do meu mundo e assim compartilhei conhecimentos e saberes. E continuo! Porque meu desafio maior é, um dia, assistir a uma sociedade leitora.

Para você me conhecer mais pouquinho, tenho o prazer de lhe mostrar o que já produzi até hoje.

- Gerente de Livro e Leitura na Secretaria Municipal de Cultura do Rio de Janeiro, atuando em todas as cadeias do livro, desde ações de fomento até a gestão dos equipamentos culturais, as bibliotecas.
- Gestora do projeto Palavralida, uma iniciativa sobre livros, leituras e leitores. Assessorias, curadorias e capacitações para eventos, projetos, escolas, empresas em busca de soluções inovadoras no campo do livro e da leitura, valorizando a bibliodiversidade, aproximando livros de leitores, palavras de pensamentos, letras de pessoas, cada uma delas, fortalecendo o fomento à leitura e à valorização de espaços literários.
- Consultora, curadora e avaliadora na área do livro e da leitura, ex-secretária-executiva do Plano Nacional do Livro e Leitura do Brasil – PNLL (2017-2019), representando

a sociedade civil na defesa de diretrizes para uma política pública voltada à leitura e ao livro no país, que leva em conta o papel de destaque que essas instâncias assumem no desenvolvimento social e da cidadania, tendo como resultado a consolidação da Lei nº 13.696/2018, que institui a Política Nacional de Leitura e Escrita.

- Curadora de eventos e projetos literários junto ao Serviço Social da Indústria (Sesi) no Rio de Janeiro e no Tocantins: concursos literários assim como aquisição de acervo e formação dos profissionais das Indústrias do Conhecimento e Primavera Literária/2019, evento promovido pela Liga Brasileira de Editoras (Libre), também no Rio de Janeiro e em Belém do Pará.

- Avaliadora de produções e projetos nacionais e internacionais na área do livro, tais como: Prêmio Vivaleitura (ministério da Cultura e da Educação em parceria com a Organização dos Estados Ibero-americanos para Educação, a Ciência e a Cultura); FLUP

(Festa Literária das Periferias); Instituto Pró-Livro (prêmio "Retratos da Leitura no Brasil" – IPL); obras literárias sobre os 200 Anos de Independência (ministério da Cultura); programa Iberbibliotecas (América Latina e Caribe); além de diversos editais de difusão e intercâmbios culturais, pela Secretaria de Estado de Cultura do Rio de Janeiro, editais de apoio a Feiras de Livros e de Bolsas de Fomento à Literatura, no eixo Criação Literária no ministério da Cultura.

• Consultora na coordenação de um grupo de Coalizão, formado por entidades do ecossistema do livro para a construção do Plano de Sustentabilidade em Bibliotecas. Gerenciei o Programa de Bibliotecas da Recode (Conecta Biblioteca), executado pela ONG e com o financiamento da fundação Bill & Melinda Gates, atuando em 200 bibliotecas de todo o país.

• Coordenadora do Sistema Estadual de Bibliotecas do Rio de Janeiro, do Programa Nacional de Incentivo à Leitura e de acervos na Secretaria de Estado de Cultura, trabalhando na elaboração e promoção do Plano Estadual do Livro, Leitura, Literatura e Bibliotecas implementando uma política pública de democratização do acesso ao livro, à leitura e à escrita para a formação de leitores. Conselheira de Estado de Cultura, atuei na coordenação do grupo de trabalho para a construção do Plano Setorial de Literatura, do Sistema Estadual de Cultura.

• Palestras e conferências no Brasil e América Latina, debatendo, promovendo e apoiando a implementação de planos e políticas voltadas ao Livro e Leitura, fortalecendo as redes de trocas e sustentabilidade das práticas mediadoras e leitoras.

"Eu sou esta gente que se dói inteira porque não vive só na superfície das coisas." Este trecho é da Marla de Queiroz e com o qual me identifico profundamente.

Sou ativista em defesa da cultura e da educação e, assim, permanecerei até o último dia de minha vida. Acredito que a cultura, a leitura e a poesia são como alimento diário que precisamos para o corpo, portanto necessitamos buscar estas fontes de conhecimento todos os dias.

Já fiz tantas coisas, como vocês, meus leitores queridos, puderam constatar.

Vamos em frente. Sempre!

Comissão de Constituição e Justiça e de Cidadania
Plenário 01 - Reunião Deliberativa Ordinária

TITULARES

Aguinaldo Ribeiro	João Campos	Valmir Prascidelli	Gonzaga P...
Alceu Moreira	João Derly	Vicente Arruda	Gorete Pere...
Alessandro Molon	**Jorginho Mello**	Victor Mendes	Hiran Gone...
Andre Moura	José CarloAleluia	**Wadih Damous**	Irajá Abreu
Antonio Bulhões	José Mentor	Wladimir Costa	Ivan Valente
Arnaldo Faria Sá	José Priante		Jerônimo Go...
Arthur Lira	Júlio Delgado	**SUPLENTES**	João Gualbe...
Betinho Gomes	**Iutahy Iunior**	Afonso Motta	José Guimar...
Carlos Bezerra	Lelo Coimbra	**Alex Manente**	Lincoln Porte...
Chico Alencar	Leonardo Picciani	**Alexandre Valle**	Lucas Verg...
Clarissa Garotinho	Marcelo Aro	Aliel Machado	Luiz Couto...
Covatti Filho	**Marcelo Delaroli**	Antonio Imbassahy	Luiz Ferna...
Cristiane Brasil	**Marcelo Ortiz**	Aureo	Marcos Ro...
Daniel Vilela	Marco Maia	Bacelar	Maurício Qu...
Del. Edson Moreira	**Maria do Rosário**	BenjaminMaranhão	Mauro Lopes
Edio Lopes	**Nelson Pellegrino**	Bonifácio Andrada	Miro Teixeira
Elmar Nascimento	Osmar Serraglio	Bruno Araújo	Moses Rodri...
Evandro Gussi	Paes Landim	Capitão Augusto	N. Marque...
Evandro Roman	**Patrus Ananias**	Celso Maldaner	Nilto Tatto
Expedito Netto	Paulo Abi-Ackel	Deleg. Eder Mauro	Pastor Eur...
Fábio Sousa	**Paulo Magalhães**	Domingos Sávio	Pauderney A...
Fábio Trad	Paulo Teixeira	Edmar Arruda	Pedro Cun...
Fausto Pinato	Rocha	**Efraim Filho**	Pedro Vilela
Félix Mendonça Jr	Rodrigo de Castro	Elizeu Dionizio	Pompeo de ...
Francisco Floriano	Rodrigo Pacheco	Erika Kokay	Reginaldo L...
Genecias Noronha	**Rubens Bueno**	**Felipe Bornier**	Ricardo Iz...
Herculano Passos	Rubens Pereira Jr.	Felipe Maia	Roberto Ba...
Hildo Rocha	Silvio Torres	**Flaviano Melo**	Rodrig...
Hugo Motta	**SubtenenteGonzaga**	Gabriel Guimarães	Rogér...
Janete Capiberibe	**Tadeu Alencar**	**GilbertoNasciment...**	Rogéri...
	Thiago Peixoto	Givaldo Vieira	Ru...

Congresso Nacional, maio de 2018, dia da votação do projeto de lei que instituía a PNLE na CCJ (Comissão de Constituição, Justiça e Cidadania).

09/05/2018
10:48

QUÓRUM
49

Samuel Moreira
Sandro Alex
Sarney Filho
Sergio Souza
Sergio Zveiter
Valtenir Pereira
Vicentinho Júnior
Zeca Dirceu

NÃO-MEMBROS
Carlos Gaguim
Prof Victorio Galli

POSFÁCIO

Há pessoas que nos encantam no primeiro contato, no primeiro olhar, e essa relação, que entendo ser um dos mais genuínos gestos de compartilhamento pela amizade, se torna ainda mais forte quando tudo isso vem embalado por um sorriso que já diz a que veio antes mesmo de chegar a você.

Lembro de Renata Costa como um sorriso, de força, de tenacidade, de persistência, de suave e firme determinação, combinando com um olhar direto, que te olha nos olhos, como devem ser os olhares sinceros e francos.

Nos conhecemos quando Renata coordenava as bibliotecas públicas cariocas e, creio, e integrava a comissão do Plano Estadual de Livro e Leitura. Eu estava no frenético período de implantação do Plano Nacional do Livro e Leitura/PNLL, atuando como Secretário Executivo na segunda gestão do Presidente Lula, tendo Gilberto Gil e Juca Ferreira como Ministros da Cultura e Fernando Haddad como Ministro da Educação, instâncias responsáveis pelo PNLL. Tudo era muito difícil e desafiador, mas tínhamos "a certeza na frente e o livro na mão", parafraseando parcialmente o poeta Geraldo Vandré na canção que embalou minha juventude.

Quando conversava com os ativistas da leitura do Rio de Janeiro, falavam dela não como alguém do governo, mas como parceira, companheira de lutas, o que me fez admirá-la porque é só assim que entendo o exercício de cargos na condução de políticas públicas. Não se pode prescindir de ser alguém que está na população, não apenas a represente. Me senti sempre identificado com essa postura de nunca buscar o descolamento do objetivo maior que é formar e incentivar os leitores e para que isso ocorra é preciso ser um deles naquele cargo efêmero que se está exercendo nos governos.

Renata é uma leitora, é uma educadora popular, é uma mulher das letras e formadora de leitores. Esta é sua vida e sua política. Mais uma vez agora ela se coloca em um novo desafio, que conhece como demandante da sociedade e do poder executivo, mas que nunca experimentou como demandada.

Talvez para boa parte das pessoas a atividade parlamentar, principalmente a federal, exercida em Brasília e longe das cidades onde a maioria da população vive, seja algo inútil no Brasil onde a atividade política alcançou graus inéditos de banditismo em seu mais baixo grau de torpezas e iniquidades. Convivi com o Congresso Nacional, assim como Assembleias Legislativas Estaduais e Câmaras de Vereadores durante muitos anos, buscando interlocução suprapartidária para fazer valer os Planos Nacional, Estaduais e Municipais de Livro e Leitura. Renata também exerceu essa função durante anos, inclusive quando me sucedeu na Secretaria Executiva do PNLL. Nossa experiência foi dura, áspera, mas também produtiva porque sempre é bom lembrar que somos humanos e diversos, que o Brasil é prenhe de diversidade e que os parlamentares e políticos são sim, diversos! Há vida saudável nos parlamentos e os parlamentares são fundamentais para a nossa ordenação e harmonia no exercício da vida cotidiana. Os três poderes foram uma conquista civilizatória da democracia que conseguimos ter até agora e é preciso não a demonizar, ou destruí-la como muitos querem hoje, mas preservá-la e aprimorá-la para que cumpra o necessário para o bem comum.

Renata é uma dessas pessoas, como vocês poderão constatar neste livro que a apresenta por inteiro. Espero e torço muito para que o povo fluminense a eleja porque certamente será uma deputada federal que os escutará, os enxergará com olhos abertos e a sensibilidade atenta de leitora que faz parte do mesmo mundo real das ruas e da vida da maioria da população. Renata lê o mundo para transformá-lo e isto não é pouco no Brasil que temos hoje.

José Castilho
São Paulo, 19 de julho de 2022.

A SEGUIR, TEXTO NA ÍNTEGRA DA
LEI Nº 13.696/2018, QUE INSTITUI A
POLÍTICA NACIONAL DE LEITURA E ESCRITA,
LEI CASTILHO.

O PRESIDENTE DA REPÚBLICA

Faço saber que o Congresso Nacional decreta e eu sanciono a seguinte Lei:

Art. 1o Fica instituída a Política Nacional de Leitura e Escrita como estratégia permanente para promover o livro, a leitura, a escrita, a literatura e as bibliotecas de acesso público no Brasil.

Parágrafo único. A Política Nacional de Leitura e Escrita será implementada pela União, por intermédio do Ministério da Cultura e do Ministério da Educação, em cooperação com os Estados, o Distrito Federal e os Municípios e com a participação da sociedade civil e de instituições privadas.

Art. 2º São diretrizes da Política Nacional de Leitura e Escrita:

I - a universalização do direito ao acesso ao livro, à leitura, à escrita, à literatura e às bibliotecas;

II - o reconhecimento da leitura e da escrita como um direito, a fim de possibilitar a todos, inclusive por meio de políticas de estímulo à leitura, as condições para exercer plenamente a cidadania, para viver uma vida digna e para contribuir com a construção de uma sociedade mais justa;

III - o fortalecimento do Sistema Nacional de Bibliotecas Públicas (SNBP), no âmbito do Sistema Nacional de Cultura (SNC);

IV - a articulação com as demais políticas de estímulo à leitura, ao conhecimento, às tecnologias e ao desenvolvimento educacional, cultural e social do País, especialmente com a Política Nacional do Livro, instituída pela Lei nº 10.753, de 30 de outubro de 2003; Ver tópico

V - o reconhecimento das cadeias criativa, produtiva, distributiva e mediadora do livro, da leitura, da escrita, da literatura e das bibliotecas como integrantes fundamentais e dinamizadoras da economia criativa.

Parágrafo único. A Política Nacional de Leitura e Escrita observará, no que couber, princípios e diretrizes de planos nacionais estruturantes, especialmente do

I - Plano Nacional de Educação (PNE);

II - Plano Nacional de Cultura (PNC);

III - Plano Plurianual da União (PPA).

Art. 3º São objetivos da Política Nacional de Leitura e Escrita:

I - democratizar o acesso ao livro e aos diversos suportes à leitura por meio de bibliotecas de acesso público, entre outros espaços de incentivo à leitura, de forma a ampliar os acervos físicos e digitais e as condições de acessibilidade;

II - fomentar a formação de mediadores de leitura e fortalecer ações de estímulo à leitura, por meio da formação continuada em práticas de leitura para professores, bibliotecários e agentes de leitura, entre outros agentes educativos, culturais e sociais;

III - valorizar a leitura e o incremento de seu valor simbólico e institucional por meio de campanhas, premiações e eventos de difusão cultural do livro, da leitura, da literatura e das bibliotecas;

IV - desenvolver a economia do livro como estímulo à produção intelectual e ao fortalecimento da economia nacional, por meio de ações de incentivo ao mercado editorial e livreiro, às feiras de livros, aos eventos literários e à aquisição de acervos físicos e digitais para bibliotecas de acesso público;

V - promover a literatura, as humanidades e o fomento aos processos de criação, formação, pesquisa, difusão e intercâmbio literário e acadêmico em território nacional e no exterior, para autores e escritores, por meio de prêmios, intercâmbios e bolsas, entre outros mecanismos;

VI - fortalecer institucionalmente as bibliotecas de acesso público, com qualificação de espaços, acervos, mobiliários, equipamentos, programação cultural, atividades pedagógicas, extensão comunitária, incentivo à leitura, capacitação de pessoal, digitalização de acervos, empréstimos digitais, entre outras ações;

VII - incentivar pesquisas, estudos e o estabelecimento de indicadores relativos ao livro, à leitura, à escrita, à literatura e às bibliotecas, com vistas a fomentar a produção de conhecimento e de estatísticas como instrumentos de avaliação e qualificação das políticas públicas do setor;

VIII - promover a formação profissional no âmbito das cadeias criativa e produtiva do livro e mediadora da leitura, por meio de ações de qualificação e capacitação sistemáticas e contínuas;

IX - incentivar a criação e a implantação de planos estaduais, distrital e municipais do livro e da leitura, em fortalecimento ao SNC;

X - incentivar a expansão das capacidades de criação cultural e de compreensão leitora, por meio do fortalecimento de ações educativas e culturais focadas no desenvolvimento das competências de produção e interpretação de textos.

Art. 4º Para a consecução dos objetivos da Política Nacional de Leitura e Escrita, será elaborado, a cada decênio, o Plano Nacional do Livro e Leitura (PNLL), que estabelecerá metas e ações, nos termos de regulamento.

§ 1º O PNLL será elaborado nos 6 (seis) primeiros meses de mandato do chefe do Poder Executivo, com vigência para o decênio seguinte.

§ 2º O PNLL será elaborado em conjunto pelo Ministério da Cultura e pelo Ministério da Educação de forma participativa, assegurada a manifestação do Conselho Nacional de Educação (CNE), do Conselho Nacional de Política Cultural (CNPC) e de representantes de secretarias estaduais, distritais e municipais de cultura e de educação, da sociedade civil e do setor privado

§ 3º O PNLL deverá viabilizar a inclusão de pessoas com deficiência, observadas as condições de acessibilidade e o disposto em acordos, convenções e tratados internacionais que visem a facilitar o acesso de pessoas com deficiência a obras literárias.

Art. 5º O Prêmio Viva Leitura será concedido no âmbito da Política Nacional de Leitura e Escrita com o objetivo de estimular, fomentar e reconhecer as melhores experiências que promovam o livro, a leitura, a escrita, a literatura e as bibliotecas, nos termos de regulamento

Art. 6o Ato conjunto do Ministério da Cultura e do Ministério da Educação regulamentará o disposto nesta Lei.

Art. 7o Esta Lei entra em vigor na data de sua publicação.

Brasília, 12 de julho de 2018; 197o da Independência e 130o da República.

MICHEL TEMER
Rossieli Soares da Silva
Sérgio Henrique Sá Leitão Filho
Gustavo do Vale Rocha

BIBLIOGRAFIA

CÂNDIDO, Antônio. *Direitos Humanos e Literatura.*

CARRIÓN, Jorge. *Livrarias, uma história de leitura e de leitores*. Rio de Janeiro: Bazar do Tempo, 2013.

CARROLL, Lewis. *As aventuras de Alice no país das maravilhas*. São Paulo: Cosac Naify, 2009.

CHIZIANE, Paulina, *Niketche*. Rio de Janeiro: Cia de bolso, 2021.

COLE, Babette. *Minha avó é um problema*. Rio de Janeiro: Companhia das Letrinhas, 2004.

DICKER, Joël. *A verdade sobre o caso Harry Quebert*. Rio de Janeiro: Intrínseca, 2014.

GRIMM, Irmãos. *Rapunzel*. Rio de Janeiro: Scipione, 2019.

DE MARIA, Luzia. *Clube do livro, qual diferença faz?* Rio de Janeiro: Globo, 2009.

HUGO, Victor. *Os miseráveis*. São Paulo: Cosac&Naify, 2012.

ISHIGURO, Kazuo. *Não me abandone jamais*. Rio de Janeiro: Companhia das Letras, 2016.

JÚNIOR, Itamar Vieira. *Torto arado*. São Paulo: Todavia, 2019.

LISPECTOR, Clarice. *A hora da estrela*. Rio de Janeiro: Rocco, 1998.

LOBATO, Monteiro. *Geografia de D. Benta*. São Paulo: Brasiliense, 1960.

MACHADO, Maria Clara. *A viagem de Clarinha*. Rio de Janeiro: Agir/Ediouro, 1984.

MÃE, Valter Hugo. *Contos de cães e maus lobos*. Biblioteca Azul, 2019.

MÃE, Valter Hugo. *O paraíso são os outros*. São Paulo: Cosac&Naify, 2014.

MANGUEL, Alberto. *O leitor como metáfora*. São Paulo: edições Sesc São Paulo, 2017.

MÁRQUEZ, Gabriel Garcia. *Cem anos de solidão*. Rio de Janeiro: Record, 1977.

MATOS, Gregório de. *Poemas escolhidos*. Rio de Janeiro, Companhia das Letras, 2011.

MEIRELES, Cecília. *Romanceiro da Inconfidência*. Rio de Janeiro: Global editora, 2015.

OLIVEIRA, Kiusam. *OMO-BA, Histórias de princesas*. Belo Horizonte: Mazza, 2009.

PERRAULT, Charles. *O pequeno polegar.*São Paulo: Panda books, 2010.

RAMOS, Graciliano. *Angústia*. Rio de Janeiro: Record, 2019.

RAMOS, Graciliano. *Vidas Secas*. Rio de Janeiro: Record, 2019.

ROCHA, Ruth. Os direitos das crianças. Salamandra, 2014.

ROSA, Guimarães. *Campo geral*. Rio de Janeiro: Grupo editorial global.

ROSA, Sônia. *O menino Nito*. Rio de Janeiro: Pallas, 2011.

ROWLING, J.K. *Harry Potter*. Rio de Janeiro: Rocco, 2000.

SARAMAGO, José. *As intermitências da morte*. Rio de Janeiro: Companhia das Letras, 2005

TODOROV, Tzvetan. *A literatura em perigo*. Rio de Janeiro: Bertrand Brasil hoje Grupo Record, 2008.

VARGAS, Suzana. *Leitura: uma aprendizagem de prazer*. Rio de Janeiro: José Olympo, 2013.

WERNECK. Leny. *Onde está você, Iemanja?*

ZAFON, Carlos Ruiz. *A sombra do vento*. Rio de Janeiro. Editora Suma, hoje Companhia das Letras, 2017.

O

Este livro foi composto
em papel polen soft 80 g/m2
e impresso em agosto de 2022

Que este livro dure até antes do fim do mundo